MES MÉMOIRES

PAR

AMÉDÉE ST-FERRÉOL

DÉPUTÉ

ANCIEN REPRÉSENTANT

TOME I

BRIOUDE

IMPRIMERIE & LIBRAIRIE D. CHOUVET

Boulevard Desaix, 29

1888

MES MÉMOIRES

MES
MÉMOIRES

PAR

AMÉDÉE St-FERRÉOL

DÉPUTÉ

ANCIEN REPRÉSENTANT

TOME I

BRIOUDE

IMPRIMERIE & LIBRAIRIE D. CHOUVET

Boulevard Desaix, 20

1887

PRÉFACE

Ce sont mes *Mémoires* que je publie aujourd'hui. J'y parlerai beaucoup de moi ; ils ne pourront donc intéresser que les amis, jeunes ou vieux, des bons et mauvais jours, au milieu desquels j'ai vécu, avec qui j'ai combattu pour la cause du peuple, le triomphe de la République, ai été vainqueur ou vaincu dans les luttes électorales, municipales, politiques, que nous avons soutenues ensemble. Toutefois, je touche par ceux de mes aïeux que j'ai connus, que j'ai aimés, à cette grande Révolution de 89, qui a renversé l'ancien régime, ouvert l'ère de la société moderne, et dont le glorieux centenaire sera célébré dans deux ans, et j'appartiens à ces générations qui, écloses sous le premier empire, ont depuis la Restauration jusqu'à nos jours, combattu le bon combat pour la liberté, l'égalité, la fraternité, le droit, la justice, la souveraineté de la nation. Je suis ainsi autant que bien d'autres, en mesure d'apprendre à ceux qui d'hier seulement sont entrés dans la vie politique ou ont oublié le passé, les évènements, les transformations dont ont été la conséquence, le résultat, dans notre petite ville de Brioude, les révolutions par lesquelles la France a vu successivement s'élever et tomber la monarchie constitutionnelle de Louis XVI, la République de

1792, le Directoire, le Consulat, l'empire de Napoléon Ier, la monarchie légitime des Bourbons, la monarchie quasi-légitime des d'Orléans, la République de Février, l'empire de Napoléon III et fonder la République de 1870, qui restera seule à l'abri des tempêtes populaires, quand elle sera entourée d'institutions réellement républicaines.

Ces *Mémoires*, dans lesquels je livre à mes concitoyens ma vie tout entière si étrangement calomniée par mes ennemis politiques de toutes couleurs, empêcheront de tomber dans l'oubli les hommes et les choses de mon temps; ils seront par conséquent la suite, le complément de mes *Notices historiques* sur la ville de Brioude. C'est pour ces motifs que je crois devoir les livrer à la publicité.

Amédée St-FERRÉOL,

Député, ancien Représentant.

Brioude, 1887.

MES MÉMOIRES

CHAPITRE PREMIER

SOUVENIRS DU JEUNE AGE

Je suis né à Brioude le 29 juillet 1810, en plein empire, issu, avec trois frères dont deux, Auguste et Charles, sont morts bien jeunes, et l'autre, mon cher Ernest, a vieilli avec moi, du mariage de Jean-Baptiste-Julien Martinon St-Ferréol avec Joséphine Veissier Beaufils, de Saint-Flour. J'appartiens par mon père à cette vieille bourgeoisie de Brioude, qui pendant de longs siècles revendiqua pour notre ville, avec tant de courage, de persévérance et au prix de si grands sacrifices, les franchises communales que, jusqu'à la Révolution de 89 lui refusèrent les comtes du Chapitre noble de St-Julien, seigneurs temporels et spirituels de la ville et comté de Brioude.

Ma mère sortait aussi d'une vieille famille bourgeoise à laquelle se rattachent par alliance, les Baduel et les Daude, dont Saint-Flour garde le souvenir;

comme à Brioude se rattachaient aux Martinon St-Ferréol, les Martinon d'Aubagnat, de Flaghac, du Pointel ou de Frugères, les Vayron, les Henry (de Thiers), les aïeux maternels de M. Laboulaye, mort sénateur et membre de l'Institut et dont le fils est ambassadeur à Saint-Pétersbourg ; les Nozerine, les Couguet, les Torrete (de Saint-Flour), les Tallobre, les Teilhard-Laterrisse (de Murat), les Dupuy, dont l'un des membres a été gouverneur de Pondichéry, sénateur, pair de France, et l'autre, préfet de la Haute-Loire après la Révolution de Juillet, familles dont un grand nombre de membres ont joué, de leur temps, à divers titres, un rôle important dans nos pays.

Ceux dont je suis le descendant direct, sous les yeux desquels j'ai grandi, qui m'ont élevé avec tant d'affection, ont été si bons pour moi et en me quittant pour toujours ont laissé dans notre famille un vide que rien n'a pu combler, je veux dire mon grand-père et ma grand'mère paternels, mon père et ma mère, les seuls que j'ai connus, que j'ai aimés, ont, en traversant ces jours orageux qui virent passer la Révolution, le Directoire, l'Empire, la Restauration, vécu surtout la vie de famille ; tout en remplissant comme ils le devaient tous leurs devoirs dans la cité, dans le monde, ayant des opinions modérées, un esprit tolérant, ils purent ne jamais se mêler à aucun des partis extrêmes qui étaient successivement vainqueurs ou vaincus, et en conservant l'estime de tous ils ne se firent pas d'ennemis.

Toutes les deux, bonnes, aimantes, charitables, d'une piété sincère mais éclairée, faisant parfaitement

les honneurs de leur maison aux étrangers et nous
entourant tous de leurs soins affectueux, ma grand'
mère et ma mère différaient sous quelques rapports.
Comme son mari, qui aux derniers jours de sa vie
portait les cheveux poudrés, à ailes de pigeon, la
culotte courte, l'habit à la française, et en négligé la
robe de chambre de molleton blanc, ma grand'mère
avait conservé son ancien costume, bonnet de linge
plissé, robe montante, peu ample, de couleur sombre,
châle court, ce qui ne l'empêchait pas d'avoir dans
toute sa personne cet air de distinction naturelle
que donne la bonne éducation, ce qui alors suppléait
à l'instruction. Elle était bien de la lignée de ces
femmes de la vieille bourgeoisie, qui, comme les ma-
trones romaines, tenaient une si grande place au
foyer domestique.

Ayant toujours une mise simple, mais de bon goût,
ma mère, d'une nature expansive, sympathique,
avec son doux sourire, son esprit naturel, son cœur
d'or, qui se reflétait dans ses lettres intimes, sa conversation; avec son dévouement à toute épreuve pour
ceux qu'elle aimait ou qui souffraient, même lorsque
sa santé fut devenue chancelante, était l'ange de la
famille.

Le portrait très ressemblant, d'après tous ceux qui
l'ont connu, de mon grand-père, qu'a fait en quelques
lignes un de ses compatriotes, M. Borne, le fera
suffisamment apprécier : « Pierre Martinon de Saint-
Ferréol était aimé de tous pour ses manières conci-
liantes, son caractère tolérant, son affabilité, son
empressement à obliger, sa gaîté et la finesse de
son esprit. Il sut dans le monde comme dans l'admi-

nistration, se tirer avec infiniment de tact et d'esprit, des situations délicates, souvent difficiles où se trouvait souvent un maire dans ces temps-là. »

En 1789, mon grand-père s'était associé de tout cœur à toutes les mesures qui avaient pour but de faire jouir sa ville des franchises communales que l'ancien régime lui avait toujours refusées, et avait salué avec enthousiasme la victoire du tiers-état, mais il ne fut jamais membre actif des clubs et réunions révolutionnaires qui donnaient la popularité. Il ne brigua jamais l'honneur d'aller représenter ses concitoyens aux assemblées électives de la Révolution, se donna tout entier à l'administration de Brioude, dont il fut le maire presque sans interruption, depuis 1802 jusqu'au commencement de la Restauration. Il assista en cette qualité au sacre de Napoléon Ier ; et à part ce voyage obligatoire à Paris, il resta à Brioude, exerçant ses fonctions, dans les jours les plus difficiles, alors que la conscription, le logement des gens de guerre, les réquisitions étaient pour les populations les charges les plus lourdes, les plus onéreuses ; pendant que successivement les populations voyaient la chute de l'empire, la France envahie, les Bourbons rentrer dans les fourgons des cosaques, l'empereur remonter sur son trône dans les cent jours et tomber enfin pour toujours à Waterloo, la monarchie légitime refleurir.

Pour les services qu'il avait rendus à sa ville, dans l'exercice de ses fonctions gratuites, il fut anobli par Louis XVIII, qui anoblit aussi M. Borne, sous-préfet, et fit barons MM. de Croze, sous-préfet de Gênes sous l'empire, et Talayrat, qui avait été tour à tour révolutionnaire, thermidorien, bonapartiste.

Les deux barons se parèrent seuls de leur nouveau titre. Mon grand-père pas plus que mon père n'ajoutèrent à leur nom la fameuse particule que tant de gens sollicitent avec ardeur, se donnent sans droit, et sont si fiers d'étaler quand ils l'ont. Les lettres patentes qui l'accordaient à mon grand-père, en l'autorisant, lui et ses descendants, à joindre ainsi par un *de,* un nom de terre à notre nom patronymique, ne faisaient d'ailleurs que consacrer l'usage par lequel mes ancêtres, depuis le XVIIᵉ siècle, étaient appelés indifféremment *Martinon St-Ferréol* et *Martinon de St-Ferréol,* pour les distinguer des autres branches des Martinon : les Martinon de Flaghac, d'Aubagnat, de Frugères. Pendant la Terreur, les sans-culottes du pays, pour qui les saints et les bourgeois qui n'avaient pas pris le bonnet rouge et la carmagnole, étaient presque également des ci-devant suspects, appelèrent mon grand-père *citoyen Martinon Ferréol,* ce dont se souvinrent sans doute au collège et à l'école de droit mes amis, qui me nommèrent Ferréol. Sous l'empire et depuis, le *Martinon* est resté supprimé, le *Saint* a été réhabilité, et excepté dans les actes de l'état civil, nous n'avons tous signé et été appelés que *St-Ferréol.*

C'est sous cette appellation, à laquelle bien entendu je n'ai jamais ajouté le *de,* que j'ai été envoyé à la législative, à la Chambre des députés, à toutes les assemblées électives. Tout en restant *Martinon* de cœur et de race, je le garde.

En dehors de ses fonctions administratives, mon grand-père, qui, je crois bien, n'avait jamais été à la chasse du loup, avait été nommé lieutenant de la grande louveterie de France, ce qui l'exemptait de payer l'impôt.

C'est par moi-même ou par mes amis de la génération à laquelle j'appartiens, que je puis rappeler ce
que je sais de mon père.

Il passa ses premières années à Brioude, où il eut
pour professeur dans notre collège, ouvert aussitôt
après la fin de la tourmente révolutionnaire, l'abbé
Bagès, dont il a toujours gardé le meilleur souvenir;
il fut ensuite habiter Paris où il resta pendant sept
ans, étant devenu, pendant qu'il étudiait le droit, le
secrétaire de M. Lebon, un des avocats d'opposition,
anti-républicaine bientôt royaliste, qui, comme les
Chauvau-Lagarde, les de Sèze, plaida dans les grands
procès politiques de la Révolution. De retour à
Brioude, il se maria, entra dans la magistrature comme
substitut et fut nommé juge après plusieurs années
passées au parquet.

Mon père n'a jamais eu d'autre ambition que de
remplir dans sa ville natale ses modestes fonctions,
qui, lorsqu'il fut dans la magistrature assise, n'étaient
rétribuées que 1,200 fr. Il les remplit avec l'impartialité, le zèle éclairé, le dévouement, l'exactitude que
l'on doit attendre de ceux qui rendent la justice.
Légitimiste de conviction, mais sans exagération, il
ne se mêla jamais activement aux luttes des partis et
sut garder sa foi politique, sans incriminer celle des
autres. S'occupant, au contraire, avec un véritable
dévouement de toutes les affaires qui intéressaient la
ville, l'église et nos établissements publics, comme
membre des bureaux de l'hospice, du collège, de
bienfaisance et même de la marguillerie, il a été assez
heureux pour les mener souvent à bonne fin quand il
en était chargé, ne se rebutant pas, bien que l'hon-

neur en fût attribué parfois à d'autres. Comme homme privé aussi bien que comme magistrat il a emporté l'estime générale. Chercheur infatigable, il n'a rien produit de bien important, mais il a laissé sur les faits de son temps à Brioude pendant de nombreuses années, des notes souvent très curieuses, auxquelles j'ai fait bien des emprunts et qui dans un ou deux siècles, auront l'intérêt que l'on trouve aujourd'hui à celles des bourgeois du Puy, Médicis et Burel, récemment publiées par M. Chassaing dans une édition de luxe. Il les écrivait au jour le jour, avec une plume emmanchée dans du buis, ayant été estropié de la main droite, par la morsure d'un écureuil, recueillant dans un registre spécial les faits, les nouvelles qu'il apprenait en conversation ou par le journal.

La mort seule a pu rompre les liens qui unissaient ces chers et excellents parents. J'ai vu mourir, à peu d'années de distance, quand j'étais bien jeune encore, mon grand-père et ma grand'mère. Mon père et ma mère nous ont été enlevés le même jour, lorsque j'étais loin d'eux, sur la terre étrangère, proscrit par le guet-à-pens de Décembre, et que mon frère sortait à peine de la prison où l'avaient jeté la magistrature et l'administration impériale, comme impliqué dans un prétendu complot de machine infernale organisé par la police.

L'éducation royaliste et religieuse que je reçus dans ma famille dès mes plus tendres années, n'était pas faite pour développer le germe des principes de républicanisme, de libre-pensée, que je devais affirmer plus tard et qui ont été la règle de ma vie entière. Ce furent en outre deux futurs prêtres qui nous don-

nèrent, à mon frère Ernest et à moi, les premières
notions de cette instruction qu'on appelle aujourd'hui
l'instruction primaire, avec un commencement d'étude
du latin. L'école mutuelle n'ayant été ouverte à
Brioude qu'en 1819, sous la direction de M. Bayssat,
mes parents eurent recours à des précepteurs particuliers qui vivaient avec nous, et dont nous n'avons
eu qu'à nous louer. Les premiers furent MM. Vernière et Belmont.

L'abbé Vernière, d'Entremont, portant alors la
veste et le pantalon de bure, entra plus tard à Saint-
Sulpice et devint dans la suite supérieur du grand
séminaire au Puy. C'était un prêtre comme il devrait
y en avoir beaucoup, tolérant, simple, bon, ne faisant
pas plus étalage de son érudition, qui était solide,
que de l'autorité dont il était investi comme directeur
de séminaristes.

Sorti jeune du collège, l'abbé Belmont, de Lamothe, n'avait pas, autant que je puis me le rappeler,
une vocation bien grande pour l'état ecclésiastique.
Lorsqu'il habitait avec nous, il était mince, élancé,
passablement flaneur, peu travailleur, peu sévère, ne
se fachant jamais. Je l'ai retrouvé à Paris quand je
faisais mon droit, aumônier de je ne sais quel couvent ; avec son costume demi-prêtre demi-bourgeois,
ses manières d'homme du monde, son air conquérant,
il ressemblait assez à un abbé de l'ancien régime. Ces
deux précepteurs nous avaient enseigné surtout à
coup sûr l'histoire sainte et le cathéchisme. Mes deux
derniers précepteurs, MM. Cibaub, de St-Alyre, et
Vallat, de Brioude, sont restés dans la société laïque.
Le premier, qui commença à nous faire connaître les

auteurs classiques, a fait un parfait notaire ; le second, après avoir traversé le journalisme à Paris, est
devenu professeur d'anglais dans le lycée de Moulins
et a composé une grammaire anglaise estimée. Celui-
ci a été, je me plais à le dire ici, mon premier maître
en politique. Très lié avec la jeunesse libérale d'a-
lors, qui conspirait contre la Restauration et avait
des aspirations républicaines, Vallat en me donnant
des leçons d'histoire ancienne, arrivait tout naturellement à parler de l'histoire du jour et à me mettre un
peu au courant du mouvement révolutionnaire qui
agitait le pays. Ce fut lui probablement qui me fit le
récit émouvant du complot de Belfort, dans lequel
ses amis Frédéric Grenier et Frédéric Salveton
avaient été arrêtés et dont le chef était le général Lafayette, qui avait dans notre arrondissement, où il
était né, une si grande popularité, popularité légitime
que partageait son fils Georges, que l'on vit toujours
à ses côtés, au danger comme ailleurs.

En entrant au collège de Brioude, j'étais tout pré-
paré à recevoir des *grands,* qui par haine surtout de
la noblesse, de la congrégation, des missionnaires,
étaient presque tous de l'opposition, mon initiation
à la politique de résistance, de protestation, de lutte,
qui devait aboutir à la Révolution de Juillet ; et lorsque je faisais ma rhétorique et ma philosophie à Clermont, les chansons de Béranger, alors dans toute
leur nouveauté, que nous achetions en cachette par
livraisons, et que nous dévorions jusqu'en classe, au
nez de nos professeurs, achevèrent mon éducation
anti-bourbonienne. J'avais été pourtant mis en pension avec Adrien Torsiac, un de mes amis d'enfance,

déjà royaliste, chez le professeur Poux, de St-Ours, ours lui-même mal lêché, et un de ces fanatiques du trône et de l'autel que le pouvoir imposait à la jeunesse, pour la tenir sous le joug de l'église et de la légitimité. Cela ne m'empêcha pas de faire ma première manifestation contre la légitimité. Le duc d'Orléans, que personne alors ne prévoyait devoir être un jour le roi des Français, et en qui nous ne voyions à cette époque que le fils d'*égalité*, le maître d'école de Reichnau, était venu en Auvergne, à son château de Randan. Ayant appris qu'il était allé visiter Royat, Moulin qui, resté fidèle aux d'Orléans, devint pendant la monarchie de Juillet sous-secrétaire d'état au ministère de la justice, Aubergier, Fleury, maintenant chirurgien en chef de l'hôtel-Dieu de Clermont, plusieurs autres élèves et moi, nous manquâmes la classe et fûmes présenter à ce prince, que nous trouvâmes non loin des bains de César, une adresse de félicitations fort bien accueillie. Cela parut au proviseur, séditieux au premier chef, et nous fit mettre en retenue pour plusieurs jours.

J'étais resté quatre ans au collège de Brioude, dont était principal M. Duchier, de l'ancienne école pédagogique, dont on n'a jamais connu les opinions politiques et qui cependant, en 1828, fut remplacé comme trop libéral ; il enseignait, comme il la savait, la classique et creuse rhétorique de la Restauration. J'avais fait mes classes sous des maîtres — on nommait alors ainsi les professeurs des colléges non royaux — restés des types dans les souvenirs des collégiens. C'étaient MM. Rochette-Després, qu'on disait très savant, parce qu'il était très original, M. Alluys, surnommé

Camban, gros, gras et bête, excellent homme au fond ;
l'abbé Dalbine, ancien prêtre constitutionnel défroqué
et réensoutané, qui, maître de quatrième et aumônier, faisait sa classe en pantoufles, un peu à la
diable, donnant le bon Dieu sans confession, et levant
le calice plus souvent ailleurs qu'à la messe ; l'abbé
Gladel, bon vieux, ratatiné de corps et d'esprit, le
souffre-douleurs de tous ses élèves, qui le faisaient
tourner en bourrique en lui jouant toutes sortes de
mauvais tours, qu'il ne savait même pas punir ;
M. Pomier, maître de mathématiques et de physique,
qui n'avait jamais pu trouver le carré de l'hypothé-
nuse et ne voyait que du bleu dans la coloration de
l'arc-en-ciel.

Je passai trois ans à Clermont, ayant été obligé de
redoubler ma rhétorique, par suite d'une maladie
assez grave pour que ma bonne mère dût venir veiller
plusieurs jours à mon chevet. A seize ans, j'obtins
mon diplôme de bachelier, ce qui était, il faut le dire,
beaucoup plus facile alors qu'aujourd'hui. Je restai
un an à Brioude, ma famille me trouvant trop jeune
pour me laisser aller à Paris, et j'y griffonnai, avec
un de mes camarades, Gustave Chanson, du papier
timbré chez un avoué, sans rien apprendre, même un
peu de procédure.

C'est alors que je commençai à recueillir sur nos
chroniques locales, pendant le Directoire, l'Empire et
la Restauration, les renseignements que me donnaient
les contemporains et que j'ai complétés plus tard, en
compulsant des papiers de famille et les archives municipales. Je pourrais, à l'aide de ces documents,
donner l'historique de la période révolutionnaire dans

notre ville. J'en ai fait le relevé, mais celà me mènerait trop loin, me prendrait trop de temps. De la contre-révolution thermidorienne et du Directoire même, j'aurai peu de choses à dire.

CHAPITRE II

APRÈS LE 9 THERMIDOR

Le Directoire avait fait éclore dans Paris et une partie de la France, au sein de la réaction, après le 9 Thermidor, une génération étrange, placée entre la République, qui avait mis à l'ordre du jour la vertu, la morale, le droit, la justice, comme le civisme, le patriotisme, le devoir, et l'Empire, qui allait mettre la France sous un joug de fer, car :

Déjà Napoléon perçait sous Bonaparte,

et incarnait la France dans un despote. Cette génération, dans cette halte entre la Révolution et le césarisme, qu'on appela le Directoire, se livra à des excès de tous genres, s'abandonna à toutes ses passions. Alliant les souvenirs de la ligue à ceux de la Grèce payenne, le fanatisme politique au dévergondage des mœurs, le libertinage le plus raffiné à la cruauté la plus brutale, elle fut pendant les jours où jeune, riche, libre, florissante, elle eut à jouer un rôle dans le monde officiel comme dans le monde politique, l'effroi et la risée de la France. Les femmes se montraient demi-nues, comme les hétères d'Athènes, et ayant pour bijoux des guillotines, dans les bals dits des victimes, où n'étaient admis que les membres des familles qui avaient perdu quelques uns des leurs sur l'échafaud. Elles y recevaient les hommages des muscadins et des incroyables, aux costumes prétentieux et ridicules comme leur langage, mais qui dans les compagnies du *Soleil* et de *Jéhu* venaient d'assommer avec leur canne à pomme d'or ou de jeter à l'eau quelques républicains échappés au couperet de la justice thermidorienne. Et c'était entre des tueries de jacobins, de patriotes, que dans les salons de la jeunesse dorée, éclatait éhontée, impudique, l'orgie dans toute sa splendeur.

Les petites villes n'étant pas encore en communication rapide avec les grands centres de population, par les chemins de fer, le télégraphe, de bonnes routes même, les vices, les mœurs et les modes de cette société débraillée, corrompue, cruelle, dont le midi pourtant, où les passions sont si inflammables, fut infesté, n'y furent pas importés comme ils l'auraient été si, comme de nos jours, l'exemple venant de Paris eût rayonné partout. Cependant la tâche d'huile s'étendit un peu de tous côtés, et les germes déposés à Brioude et ailleurs portèrent plus tard leurs fruits empoisonnés. Dans nos contrées il n'y eut du reste ni noyades ni assommades, pas même d'emprisonnement sérieux.

C'était après le 9 thermidor que la réaction avait éclaté à Brioude, plus déclamatoire, plus bruyante d'ailleurs que violente. Les membres du comité de salut public furent déclarés suspects et mis hors de leurs fonctions par cet arrêté du représentant thermidorien Pierret, qui vint en personne défaire à Brioude ce qu'y avait fait le représentant montagnard Reynaud, remplacer les autorités mises en place sous la Convention :

« Considérant que le peuple du district de Brioude s'est distingué dans toutes les époques de la Révolution par un ardent amour pour la liberté ; que ses constantes actions parlent hautement en sa faveur, et que cependant un petit nombre d'hommes aussi audacieux qu'immoraux est parvenu depuis près de deux ans à fonder une sous-tyrannie locale, qui se rattachait à celle du dernier tyran ; que c'est dans l'obscurité des comités et dans la coalition de plusieurs fonctionnaires avec les receveurs comptables, qu'a été préparée une grande flétrissure contre la commune de Brioude ; que les ambitieux ont eu l'imprudence de dire que le patriotisme y était la minorité, tandis que l'unanimité de son patriotisme était attestée par ses levées en masse de citoyens contre les rebelles de la Lozère et ceux de Lyon, et que par un décret de ventôse an II, la Convention nationale a décrété que la commune de Brioude avait bien mérité de la patrie ;

» Considérant que dans ce district le mot de liberté a servi de marchepied pour parvenir à la tyrannie, à un petit nombre d'intrigants inconnus ou méprisés dans les premières années de la Révolution ; que depuis le 9 thermidor le comité a redoublé d'activité pour provoquer la guillotine sur la tête d'un grand nombre de citoyens, en les dénonçant aux autorités supérieures non comme des accusés, mais comme des convaincus, mendiant à cet effet une approbation et prompte exécution ;

» Considérant que le comité n'a pas combattu le terrorisme, a semblé au contraire en vouloir ramasser les restes impurs et s'associer pour ainsi dire aux détestables opérations de ses prédécesseurs ; considérant que le moyen de rappeler le bonheur et la tranquillité, est premièrement de signaler au peuple ses vrais ennemis, ceux qui veulent être républicains sans frugalité, sans vertu, et patriotes sans amour de leur pays, sans humanité et sans justice, secondement de lui rendre des magistrats éclairés et dignes de l'estime publique ; arrête ce qui suit :

Article 1er

» L'administration du district de Brioude sera composée des citoyens ci-après nommés : Labastide aîné, président, membre du Directoire ; Richard, de La Chaise-Dieu ; Alluys, de Brioude ; Belmont, de Saint-Ilpize ; Martinon St-Ferréol.

» Membres du conseil général du district : Servant La Faye, de Langeac ; Veyrière, cultivateur, de Vieille-Brioude ; Grenier, homme de loi ; Fournier fils, de St-Ilpize ; Léon Lachaud, de Blesle ; Maigne-Barnier, de Brioude ; Bertrand Labastide ; Borel aîné, agent national ; Mathieu Belmont, secrétaire.

Art. 2.

» Tribunal du district : Pierre Dalbine, président ; J.-François Croze-Montbrizet, Dupont aîné, Jean Roux jeune, Pissis-Larochette, juges ; Croze, commissaire national ; Allezard, greffier ; suppléants : Borel père ; Bertrand Labastide (de Lamothe) ; Chauchat St-Martin, de Langeac ; Michel Vidal.

Art. 3.

» Municipalité de Brioude : Bonne (continué) maire ; officiers municipaux : Saturnin, Biffe, propriétaire ; Bouquet, cultivateur ; Déjax père, Belmont, propriétaire ; Nozerine ; Martinon d'Aubagnat ; Ducroc.

» Conseil général de la commune : Maigne, du Postel ; Vernière, juge de paix ; Caillet ; Prunayre, cultivateur ; Pradal, cultivateur ; Silvestre Tourrette ; Thomas, marchand ; Jean Barreyre, négociant et cultivateur; Esbrayat, maître de poste; Long; Vairon; Pissis fils, officier de santé; Borel père; Florat; Ostalier, tisserand; Labranche, marchand; Croze; Neyreneuf, boucher; Montfleury, agent national; Caldaguet, secrétaire.

Art. 4.

» Bureau de conciliation : Caillet; Cousserand; Berthier père; Grenier, homme de loi; Delolme; Florat; Maison fils, greffier.

Art. 5.

Juge de paix de la commune : Rochette aîné, juge de paix (continué); Guillot, greffier; assesseurs, Couguet-Florat, Gueyffier, marchand, Michel-Vidal Morin, Barreyre, milicien, Bonnet, marchand, ex-avoué.

Art. 6.

Juge de paix du canton de Brioude, Jean Vernière (continué); Ravaisse fils, greffier (continué).

Art. 7.

Les membres du tribunal de commerce sont continués dans les mêmes fonctions.

Art. 8.

Comité de surveillance du district; Toutel père, président; Beauchamp, d'Auzon; Bonne fils, de Brioude; Mathieu, de Brioude, Richard, organiste, de La Chaise-Dieu; Bonnet, marchand à Brioude; Dussuc fils, de Cerzat; Martin, de Langeac; Rabany-Beauregard, de Brioude; Biffe cadet, chapelier, de Brioude; Touchebeuf, de Blesle; Laporte (second), de Brioude.

Art. 9.

Garde nationale : Perron, commandant, Borel (second), commandant en second, Montbrizet-Dauvernat, adjudant.

Art. 10.

Le receveur du district est et demeure destitué de ses fonctions. Elles seront désormais conférées au citoyen Thomas fils, actuellement à Paris. Le citoyen Reyrolle, receveur actuel, sera tenu, en attendant, de continuer ladite recette.

Art. 11.

Le citoyen Granchier, receveur du droit d'enregistrement du canton de Brioude, est et demeure également destitué. Il sera provisoirement remplacé par le citoyen Moreau, vérificateur.

Art. 14.

La municipalité de Brioude demeure spécialement chargée de l'exécution du présent arrêté. »

Après la lecture du présent arrêté, faite dans une assemblée nombreuse de citoyens de la commune de Brioude, le peuple après avoir applaudi aux nominations qui y sont faites a observé, sur la réclamation du citoyen Vauzelles, qui se trouvait remplacé dans les fonctions de commissaire national près le tribunal du district, et sans doute ne devait être coupable que de quelques erreurs, qu'il demandait sa conservation. En conséquence, il est arrêté que le citoyen Vauzelles est et demeure conservé dans sa place de commissaire national près le tribunal du district de Brioude, et la nomination du citoyen Croze regardée comme non avenue, ayant lui-même invité ses concitoyens à faire droit à la réclamation qui a été faite.

P. S. — Les fonctionnaires administrateurs et membres de la Société populaire visés par l'arrêté du thermidorien Pierret, étaient les citoyens Gueyffier-Talairat, Salveton, Clairemboust, Granchier, de Reyrole, Roux, président du tribunal, Dalbine (d'Auzon), procureur syndic, Vidal, ex-prêtre de Lavaudieu, administrateur, Monnier-Ciment, de Brioude, Magaud, jardinier, Laporte cadet, Maison père, Marat Toutel, Allemand, Allary-Anglisson, Chouvet, Nozerine.

Ils étaient accusés, on vient de le voir, d'excès très graves qui, à une époque où régnaient dans le midi la terreur blanche, qui a fait bien plus de victimes que l'autre, devait les livrer infailliblement à la justice sommaire ou à la vengeance des vainqueurs. Cependant, aucun document n'a appris qu'ils aient été bannis, même inquiétés, après avoir été remplacés dans leurs fonctions administratives ou judiciaires; deux d'entre eux seulement furent incarcérés quelques jours dans la maison d'arrêt. C'est qu'à coup sûr leurs ennemis du jour, qui avaient marché avec eux pendant la Révolution, exagéraient maintenant à plaisir, pour avoir la faveur des thermidoriens, les excès et violences en tous genres reprochés, par une réaction aveugle et furieuse, aux révolutionnaires, qui avaient été du parti de Robespierre, de Couthon et de St-Just. L'échafaud n'avait été dressé en effet, qu'une seule fois à Brioude, pendant la terreur, pour un prêtre coupable d'avoir excité les populations à se soulever contre la Convention; et les détenus dans la maison d'arrêt étaient plus libres et mieux traités que ne l'ont jamais été les prisonniers politiques à aucune autre époque.

Les membres de la municipalité et du Conseil général conservés dans leurs fonctions par le représentant Pierret, s'étaient associés, du reste, à toutes les mesures de salut public demandées par la société populaire, pour les subsistances, l'armement des citoyens, la surveillance des suspects, etc. Ils ne devaient pas trouver si criminels que les faisait le représentant du peuple en mission, ceux dont ils avaient été plus ou moins les complices dans les faits incriminés maintenant.

Les ultra-terroristes de Brioude ne tardèrent du reste pas, à ce qu'il paraît, à se convertir aux opinions des vainqueurs, à la politique nouvelle. Le citoyen Talayrat devint un des *beaux* du Directoire, et les autres, après avoir, comme lui, encensé tous les pouvoirs, ont presque tous fini dans la réaction et la dévotion la plus édifiante.

Quelques jours après, l'assemblée communale arrêtait qu'il serait adressé une pétition au représentant du peuple, pour qu'il ne fasse ouvrir la société populaire que quand les autorités constituées seraient en activité et auraient pris consistance.

Le projet d'adresse à la Convention, pour le remercier d'avoir envoyé à Brioude le représentant Pierret, fut lu par le citoyen Croze, chargé avec les citoyens Pissis et Belmont de le rédiger. En voici des extraits : « La foudre a brisé les décemvirs, l'éclat du tonnerre a brisé les instruments de la tyrannie, ils furent épouvantés..... Vous les avez anéantis dans le département de la Haute-Loire sans représentants, en nous envoyant votre collègue Pierret. Il nous a fait en pluviose une révolution du 9 thermidor.....

» Le terrorisme ne fait que des lâches et des tyrans. La France ne veut que des hommes libres et égaux, Pierret a abattu parmi nous ce monstre, enfant de la chimère. Il nous a rendu la liberté ; il nous la fait connaître avec tous ses charmes.....

» Le terrorisme voulait perdre la République par l'ignorance, Pierret a appelé les talents. Les ténèbres favorisaient la peur; Pierret les a dissipés. Il a pensé que si des oies sauvèrent autrefois la liberté romaine, des ânes n'étaient pas destinés aujourd'hui à sauver la liberté française. Deux des plus ardents entre les terroristes de ces pays ont voulu entrer en convulsion. Il s'est contenté de les séparer de nous pour quelques jours et de les mettre au bagne qu'ils avaient eux-mêmes bâti. Espérons qu'ils en seront plus sages. Comme Pierret nous ne voulons que leur conversion et pourvoir aux subsistances...

» Après cela, Pierret a été calomnié. On a osé dire et écrire qu'il organisait une Vendée. Ah! si dans la Vendée on a un aussi vif amour pour la liberté, un aussi grand attachement pour la République, un aussi parfait dévouement à la Convention, que toute la France soit donc bientôt une Vendée; et si Pierret l'a organisée, Pierret aura bientôt la gloire d'avoir uni la République.

» Pierret a été calomnié, mais Caton l'a été cinquante fois dans sa vie, et certes Caton était républicain. Au reste nous jurons tous... de préférer la mort de Burrhus à la vie de Pallas. »

A la suite de cette lecture, il est décidé que la place Lepelletier portera le nom de place aux Fruits, celle de Marat reprendra le nom de Fènerie, et celle de Chalier reprendra aussi le nom de Mazel.

Nous voici bien loin de l'enthousiasme républicain et civique, quoique un peu déclamatoire, qui éclatait dans les adresses et les discours du citoyen Talayrat, agent national.

Le citoyen Croze, dont le fils devait être le dernier baron chrétien, sous la Restauration, laisse déjà percer dans ses protestations de dévouement à la République et à la Convention, les mêmes sentiments de haine contre la démocratie que lui et ses ancêtres avaient toujours montré contre le Chapitre. Il est le type de ces bourgeois peureux, envieux, ambitieux, qui veulent succéder aux nobles mais n'entendent rien partager avec le peuple.

La décision par laquelle on débaptisait trois places de la ville portant les noms de trois célèbres révolutionnaires assassinés par les ennemis de la République, prouve bien, du reste, que la contre-révolution couvait dans le sein des assemblées organisées par Pierret, qu'on n'avait peut-être pas eu tort d'avoir accusé de vouloir faire une Vendée de la Haute-Loire. Les deux citoyens mis au bagne (lisez maison d'arrêt), étaient Salveton et Granchier. Nous les verrons bientôt faire amende honorable et donner comme tant d'autres, l'exemple des palinodies les plus scandaleuses.

Du Puy, le représentant Pierret, sur le vu d'un procès-verbal dressé par les maire, officiers municipaux et conseil général de la commune, avait pris l'arrêté suivant, daté du Puy, l'an III de la République une et indivisible :

« Le représentant du peuple, considérant qu'il résulte du procès-verbal ci-dessus qu'il existe dans la commune de Brioude de ces hommes profondément pervers qui cherchent à continuer le système de terreur que la Convention nationale a renversé le 9 thermidor ; que c'est principalement dans le lieu des séances de la société populaire de cette commune, où les ennemis du peuple cherchent à propager plus particulièrement leur haine pour la tranquillité et la prospérité publique; que c'est dans cette société qu'il a été tenu des propos contre-révolutionnaires et tendant à avilir la représentation nationale;

» Arrête : 1° Que le lieu où se réunissent des citoyens de la commune de Brioude en société populaire sera fermé jusqu'à ce qu'il en soit autrement ordonné; 2° que les scellés seront apposés sur les papiers et registres de ladite société. »

Après 1848 et 1870, nous avons vu fermer aussi à Brioude, lorsque la réaction eut triomphé, nos sociétés populaires, sous le prétexte que leurs membres étaient les ennemis de la famille, de la religion, de la propriété, de l'ordre, par les ennemis de la liberté, les contre-révolutionnaires. Nous savons donc ce que valent les accusations calomnieuses portées en tous temps contre les amis du peuple pour les perdre.

Dans les principales villes de notre département les sociétés populaires étaient restées fidèles à la Montagne, qui avait sauvé la République de l'invasion et l'aurait sauvée du napoléonisme, si les corrompus, les ultra-terroristes égoïstes et les intrigants ne s'étaient coalisés pour la renverser. Ces fougueux thermidoriens, Pierret, Chazal, Barthélemy, qui jettent l'injure et l'outrage aux vaincus, étaient de ces représentants qui avaient voté toutes les mesures de salut public provoquées par la guerre étrangère et civile, applaudi à tous les actes de ceux qu'ils calomniaient après leur chute.

Le conseil général de la commune vint à son tour jeter une dernière pierre aux Jacobins de Brioude.

Le 30 ventôse, un membre a exposé que les plus ardents supports du terrorisme et de la tyrannie étant munis d'un certificat de civisme, peuvent remplir les états qui leur assurent les moyens de continuer avec succès la profession et la propagation de leurs affreux principes... ; que les travaux et les recherches du citoyen Pierret ont jeté le plus grand jour sur leur conduite sanguinaire et barbare, etc... ; et il invite le conseil à examiner s'il n'est pas de sa prudence et même de son devoir de rapporter les arrêtés par lesquels il a été accordé des certificats de civisme à ces ennemis irréconciliables de la patrie et de l'humanité, afin de les priver par là des moyens de nuire à la chose publique, d'arrêter le cours rapide de la Révolution du 9 thermidor et de ramener le règne désastreux de la scélératesse et du crime.

Le conseil, considérant que les circonstances actuelles nécessitent la mesure proposée contre les individus qui, invinciblement attachés au système de la terreur, l'ont ouvertement professée, non-seulement depuis le 9 thermidor, mais encore après l'arrivée et même sous les yeux du représentant du peuple ; que cette immortelle journée et ses heureux effets a été loin de tempérer en eux la soif du sang qui les dévore, loin de les porter à se rallier autour de la Convention nationale, et à devenir les défenseurs des vertus et des principes réparateurs qu'elle professe et soutient avec tant d'énergie et de courage ; qu'ils semblent au contraire avoir redoublé d'audace et de fureur, et que c'est précisément depuis cette époque qu'ils ont voué à la mort plusieurs de leurs victimes et sollicité vivement leur prompt supplice, et constamment cherché à étouffer le langage de la justice et de l'humanité...;

Que ces intrépides partisans du désordre, du sang et du pillage sont encore investis d'une confiance que la Terreur seule a pu leur procurer et qu'elle leur conserve encore par leurs perfides insinuations sur son retour; que munis d'un certificat de civisme ils peuvent se livrer à l'instruction de la jeunesse et lui inspirer leurs principes destructeurs de toute société;

Qu'il n'est pas d'efforts qu'ils n'aient faits pour flétrir de la manière la plus injuste et la plus atroce cette commune, qui, toujours animée du patriotisme le plus ardent et le plus solide, toujours calme au milieu de la mer la plus orageuse, n'eût jamais éprouvé sans eux les maux inséparables de toute révolution :

Que toujours brulant de la soif de dominer et de nuire et de la rage de se venger, toujours aux aguets pour tromper et séduire, et sans délicatesse sur le choix des moyens d'y réussir, il n'est pas de maux que leur fureur ne se promette et qu'on ne doive en craindre;

Que dans tout le cours de la République ils se sont rendus célèbres par leurs complots, leurs forfaits et leurs crimes; que la République et le bonheur du peuple ne peuvent se consolider tant qu'il leur restera les moyens d'en détruire ou d'en miner les bases; qu'en conséquence le salut public exige qu'on mette la plus grande célérité à les priver et à les isoler au point de les réduire à l'heureuse impossibilité de nuire... Le conseil ayant révisé tous les certificats de civisme accordés jusqu'à ce jour, arrête, sur ce ouï l'agent national, que ceux accordés aux citoyens Reyrolle, ex-receveur du district, Granchier, ex-receveur de l'enregistrement, Toutel fils, Granet, Salveton, Allemand, Clairemboust, Vidal Murols, Bachélérie, tous neuf membres de l'ancien comité de surveillance, et Dalbine (d'Auzon), ex-agent national près le district, sont rapportés et comme tels non avenus.

Les autres membres du comité de surveillance, par l'organe du citoyen Rabany, se sont présentés et ont déclaré qu'ils cessaient leurs fonctions, la tranquillité devant être alors rétablie. Ils ont été très applaudis.

Au moment où cette décision était prise, le conseil venait d'apprendre par le représentant Barthélemy, que les montagnards, qui avaient renversé Robespierre et ses amis au 9 thermidor, Billaud-Varenne, Collot d'Herbois, Vadier, Barreyre, etc., étaient décrétés d'accusation par la Convention devenant de plus en plus contre-révolutionnaire. Cela avait sans doute redoublé l'ardeur réactionnaire de ses membres, qui eux aussi avaient marché si longtemps d'accord avec le comité de surveillance qu'il dénonçait avec tant de violence maintenant, et qui ne méritait

Ni cet excès d'honneur ni cette indignité.

Pendant la période de la Terreur appelée la Terreur Rouge, les hommes dont il est question avaient pu prendre ou provoquer quelques-unes des mesures qu'on leur reprochait en ce moment; mais il est tout à fait invraisemblable qu'après la chute des robespierristes avec qui ils étaient accusés de marcher, au plus fort de la Terreur Blanche où tout ce parti était pourchassé, proscrit, thermidorisé, ils eussent demandé la tête de leurs adversaires alors que les leurs

seules étaient menacées. Leur enlever ces certificats
de civisme qu'on n'avait refusé à aucun ci-devant
noble ou prêtre à Brioude, pendant la tourmente révolutionnaire, n'était d'ailleurs pas une punition bien
terrible pour des criminels accusés des plus grands
forfaits. L'exagération et la haine percent évidem-
ment dans les accusations formulées par le conseil
général, inspiré et dirigé, on doit le supposer, nous
le répétons, par le citoyen Croze, qui plus tard, député aux Cinq Cents, fut fructidorisé comme royaliste.

Ces farouches terroristes de 93 avaient bien dégé-
néré dans la suite. Ceux que nous avons connus, les
citoyens Anaxagoras Salveton, Cléremboust, s'appe-
lant Bias, parce qu'étant bossu, il *portait toute sa fortune avec lui,* Mutius-Scevola Reyrolle, Aristide Granchier, étaient devenus de pacifiques bourgeois, pa-
taugeant en plein dans le juste milieu, sous Louis-
Philippe, et lançant contre les démocrates avancés
de ces temps, les accusations dont ils avaient été
atteints eux-mêmes. De plus, les descendants ou
héritiers de ces terribles buveurs de sang, de ces in-
fâmes pillards, sont tous, à l'exception d'un seul
(Allemand), d'affreux réactionnaires.

3 germinal. — Le discours des membres du comité
de surveillance, abandonnant leurs fonctions qui ne
sont plus nécessaires, disent-ils, est relaté dans cette
séance, par l'organe du citoyen Rabany-Beauregard,
ils regrettent que la fatalité leur ait arraché un acte
de rigueur. Cependant leur conduite, dirigée par
l'amour du bien public, par les principes de la justice, doit les faire distinguer dans l'estime de leurs
concitoyens, de ceux à qui on peut reprocher des

actes tyranniques. Touchant au terme que la loi a fixé pour l'exercice de l'autorité des comités de surveillance, ils viennent, avec une douce satisfaction, renoncer à des pouvoirs que le calme et le bonheur ramenés au sein de la République, rendent si heureusement inutiles, en faisant aussi disparaître le nom devenu odieux de révolutionnaire.

Les journées de germinal, la rentrée à la Convention nationale des représentants mis hors la loi par la Montagne, la pacification de la Vendée, donnent une nouvelle occasion au conseil général de la commune de Brioude, de manifester sa haine contre les vaincus de thermidor, par une adresse à l'Assemblée nationale. Cette adresse fut rédigée par le citoyen Rabany, prêtre marié, qui a chanté la nayade de Royat et fait plusieurs opuscules dans l'un desquels on trouve ce vers :

Je chante dans mes vers la sensibilité.

Elle est trop étrange pour que je n'en donne pas des extraits :

« Un attentat horrible se préparait dans les ténèbres ; un crime affreux tel que le soleil n'en éclairera jamais a failli perdre la République. Des cendres de Robespierre on a vu naître d'autres tyrans. Une horde impure est venue souiller les approches du sanctuaire de la liberté ; une horde séditieuse a osé disputer à la vertu l'accès du temple où se règlent les destinées de la France. Le 1ᵉʳ germinal a fait éclater des projets dignes du monstre qui en donna la leçon et l'exemple... Quoi, nouveaux Titans, ils allaient donc faire la guerre aux dieux. Ils comptaient escalader les demeures célestes. Vous avez fait crouler sur eux les montagnes qu'ils avaient entassées pour y arriver. D'un signe de votre volonté suprême vous les avez renversés; d'un signe, la montagne a disparu et les Titans ont fui. »

On devine bien à cette amplification ampoulée et classique, l'ancien prêtre qui barbote dans le marais et deviendra bientôt professeur de rhétorique. Le rhéteur contre-révolutionnaire ajoute à son boniment la note belliqueuse :

« Si de pareilles horreurs pouvaient se reproduire, vous trouveriez nos bras pour vous défendre, nos cœurs pour vous recevoir... Et s'il arrivait que du volcan sur lequel vous marchez il sortît encore des flammes dévorantes; qu'une lave impure vînt troubler vos augustes travaux, dites à ces factieux que Brioude n'est pas aussi loin de Paris qu'ils le pensent; qu'il n'est point à Brioude de vrais citoyens qui ne se précipitent dans le gouffre pour sauver la patrie; que Brioude vengera et défendra la Convention; que du jour où la Convention se déclarera avilie, outragée, violée à Paris, Brioude se croirait dégagé du devoir de fournir des subsistances à Paris comme de tout devoir de fraternité envers les monstres auteurs de pareils attentats. Il ne reconnaît pour frères que ceux qui reconnaissent la Convention pour mère. Et dût cette cité, dût Brioude entier disparaître du globe, il fera tout pour sauver ou venger la Convention. Assez de communes ont été ravagées pour le crime, une seule peut bien périr pour la vertu. Voilà notre serment. Vive la République, vive la Convention. »

Brioude se levant en masse pour écraser Paris en révolution, marchant les armes à la main sur la capitale, sous la conduite du citoyen Rabany-Beauregard, qui, par parenthèse, avait déserté le détachement de garde nationale avec lequel il avait été envoyé à Craponne, contre les insurgés de Lyon : c'est tout bonnement sublime. A cette époque, en revanche, les émigrés rentrent en foule, et sont rayés des listes d'émigrés, ou placés simplement sous la surveillance platonique du conseil général. Les églises se rouvrent pour les prêtres constitutionnels, que ne tarderont pas à remplacer les prêtres catholiques.

Chazal, représentant, délégué par la Convention nationale dans les départements du Puy-de-Dôme, du Cantal, de la Haute-Loire, de l'Ardèche, de l'Aveyron, de l'Hérault et de la Lozère, lance, comme Pierret, comme Barthélemy représentant de la Haute-Loire, des proclamations furibondes contre ceux qui sont appelés les complices de Robespierre et accusés de brigandage, de pillage, de meurtre ; mais il rassure par un arrêté les bons catholiques, en leur assurant que la République, loin d'attaquer la religion de leurs pères, la religion qu'ils professent, la favorise, en leur prêtant pour l'exercer décemment des édifices publics. Les convertis de Brioude s'empressent de mettre en pratique ses conseils. Sur une pétition des citoyens Rochefort, Bagès et Delcher, le conseil général arrête que l'église de St-Julien et les objets propres au culte catholique qui peuvent s'y trouver, seront mis à la disposition des pétitionnaires, à la charge par eux de se conformer à la loi de prairial sur la liberté des cultes. Les citoyens Montfleury et Florat sont chargés de leur livrer lesdits objets et d'en tirer récépissé. Ils sont en conséquence autorisés à faire faire à ladite église les réparations nécessaires.

A Brioude et dans beaucoup d'autres communes sans doute, ce n'est donc pas Napoléon qui a rendu les églises au culte catholique. Avant même le Directoire, les anciens révolutionnaires qui avaient transformé la basilique de St-Julien, d'abord en temple de l'Être suprême, puis en temple de la raison, la rendent aux prêtres assermentés, qui, à dater de ce moment, y célèbrent les offices religieux comme par le passé. L'ex-évêque constitutionnel Delcher devient du reste curé de la paroisse jusqu'en 1806, croyons-nous.

Le conseil général de la commune avait du reste amnistié déjà ceux qu'il avait privés de leurs droits civiques et mis quelque temps aux arrêts. Le 18 thermidor de l'an III, les citoyens Salveton, Granchier, Toutel, Vidal Murols et Granet s'étant présentés, l'assemblée est informée par l'organe du citoyen Salveton, qu'ils venaient témoigner au conseil leur reconnaissance de la part qu'il a prise à leur mise en liberté définitive, et l'espoir que la réconciliation qui a été la suite est l'acte le plus cher à leur cœur, et l'objet de leur plus ferme résolution de consacrer tous leurs moyens, (avec les vrais républicains), au salut et à la prospérité de la chose publique.

Le maire leur répond qu'après la journée du 9 thermidor tous les français auraient dû se réunir et faire oublier les terreurs dont la tyrannie décemvirale avait souillé le sol de la liberté; que depuis longtemps le conseil désirait ardemment le jour de la réconciliation et de la fraternité entre tous les habitants de la commune et tous les français; qu'il se fait un plaisir de croire qu'en favorisant les projets atroces et dévastateurs de la tyrannie ils ont cru faire le bien et servir utilement la patrie ; qu'il espère qu'animés des purs principes leur conduite prouvera invariablement qu'ils n'ont jamais cessé d'être dignes de l'estime et de la confiance publiques, et que déjà il ne voit en eux que des frères égarés. Les citoyens Salveton et les autres ont tous protesté que c'était là l'objet de leurs désirs les plus chers et les plus sincères. Sur la demande d'un membre, le maire donne l'accolade fraternelle aux citoyens réconciliés à qui il accorde aussi des certificats de civisme. Dans une des séances précédentes, on avait aussi réhabilité le citoyen Chalchat, chapelier, de la catégorie des citoyens désarmés, à cause de son repentir profond d'avoir participé aux horreurs de la tyrannie, avant le 9 thermidor, et qui avait déclaré que subjugué et trompé par ses collègues il a signé de confiance et par erreur les actes tyranniques exercés par ledit comité. Les citoyens Reyrole et Allemand n'avaient pu encore obtenir le certificat de civisme.

Ce prompt oubli d'un passé qu'on avait fait naguère si monstrueux, si criminel, prouve que les thermidoriens de Brioude n'étaient guère conséquents avec leurs principes, leurs proclamations, ou avaient fait beaucoup de bruit pour rien.

Sous le Directoire les fêtes publiques se multipliaient. C'était une manière comme une autre de faire oublier la terreur et les agitations populaires, en remplaçant les clubs, les réunions publiques par des cérémonies de grand apparat, où la musique, la danse, les discours de circonstance, les décors jouaient un grand rôle. Le corps législatif avait décrété comme fêtes nationales, les fêtes de la victoire, de l'Etre suprême, du genre humain, de la jeunesse, des époux, des vieillards, de la reconnaissance, de l'agriculture, les anniversaires du 14 juillet et du 22 septembre. Il y avait des fêtes les 10 de chaque mois, sans compter celles des jours complémentaires, les fêtes de la nation s'ajoutant à celles des départements, des communes, soit vingt-deux en tout.

Voici un aperçu des programmes arrêtés pour la célébration de ces solennités : — Brioude, 5 floréal.— L'administration, considérant qu'en instituant la fête des époux, le législateur indique aux citoyens égarés trop souvent par de faux et stériles plaisirs, la source de la véritable volupté dans ce lien sacré qui donne du corps à l'amour en le fondant sur la vertu ; arrête que la fête des époux sera célébrée dans le temple décadaire.

7 germinal. — Le citoyen Salveton demande qu'on célèbre comme elle doit l'être la fête de la jeunesse. « Les fêtes nationales, dit-il, ont été établies dans les vues de réorganiser la morale et de propager les principes républicains ; celle de la jeunesse semble plus particulièrement atteindre ce but. Nul doute que le salut de la République et la gloire de l'armée, qui parmi les peuples de l'Europe lui ont valu le titre de grande nation, ne dépendent des opinions et des principes que l'on insinuera aux jeunes français. Ils sont l'espoir de la patrie et tous ses efforts doivent tenir à seconder les vues des législateurs, en mettant dans la célébration de cette fête non le luxe et le faste que le trône mène à sa suite, mais tout l'esprit de patriotisme et de fraternité qui doit animer les

vrais républicains. » Sur ce, l'administration, considérant que l'établissement des fêtes nationales est le plus sûr moyen de faire naître et conserver parmi les français les sentiments de concorde et de fraternité nécessaires à l'affermissement de la République et d'attachement à la constitution ; attendu que c'est en consacrant surtout à la jeunesse, des fêtes qui rappellent les vœux des législateurs, que l'on peut faire germer dans leurs jeunes cœurs les principes qui ont fondé la République et qui doivent en garantir la durée..., fait droit aux réquisitions du commissaire du pouvoir exécutif. »

Les peuples éclairés, libres, doivent avoir leurs fêtes nationales, civiques, patriotiques, comme les peuples dans l'ignorance, la superstition, ont leurs fêtes religieuses. Sous notre première République, les grands conventionnels, Lakanal, Lepelletier St-Fargeau, qui avaient donné et fait adopter par la Convention ces plans d'éducation civique, d'instruction publique, que l'on commence seulement à réaliser de nos jours, avaient bien compris le parti qu'on pouvait tirer de ces solennités publiques, où le peuple, la garde nationale, l'armée, les autorités se mêlaient pour célébrer l'anniversaire d'une des grandes journées de la Révolution, ou glorifier la jeunesse, le mariage, l'armée, la vieillesse. Mais il ne faut pas abuser des meilleures choses ; et comme les anciens curés, le Directoire de quelque nouveau saint du calendrier républicain chargeait trop souvent son prône. D'ailleurs, la guerre, avec ses canons et ses tueries, empêchait la France d'avoir le cœur toujours à la danse, et le Directoire, travaillé par les intrigues,

les conspirations, ne donnait guère l'exemple des
mâles vertus, des grands courages dont il était tant
parlé dans les discours officiels, publics.

A Brioude, pour la célébration de la fête de la
victoire, une statue de la liberté était placée sur
l'autel de la patrie, dressé au Postel; les autorités et
la garde nationale s'y rendaient en cortège; les défenseurs de la patrie et leurs parents étaient invités à
y assister; des salves d'artillerie commençaient la
cérémonie. Voici le programme d'une des fêtes de la
jeunesse, publié par l'administration municipale :
« Les jeunes gens de l'âge de seize ans seront armés
devant l'Hôtel-de-Ville et incorporés dans la garde
nationale; les enfants au-dessous de cet âge et les
vieillards seront invités à la cérémonie, ainsi que les
autorités. Après les discours d'usage, le cortège, accompagné de la garde nationale, se transportera,
avec la musique et les tambours, sous l'arbre de la
liberté; il sera chanté des hymnes patriotiques auxquels succèderont des danses civiques. La fête sera
terminée par une représentation théâtrale, où l'on
donnera *Guillaume Tell*. »

CHAPITRE III

RÉACTION ROYALISTE

Tandis que le Directoire dansait sur un volcan éteint, s'endormant dans les délices de la Capoue moderne, les accusations, les dénonciations lancées après leur défaite contre les hommes de la Révolution, portèrent leurs fruits. Dans la Haute-Loire comme partout, le royalisme et la contre-révolution, comprimés par la terreur, ne tardèrent pas à reprendre leur audace et recommencer la lutte. Après le 9 thermidor, les mouvements insurrectionnels qui troublèrent le pays furent d'abord attribués aux terroristes aussi bien qu'aux royalistes. Il y avait eu une révolte à Yssingeaux en l'an IV; les dragons qui y étaient en station furent désarmés. C'était certainement une émeute royaliste; ce parti se croyait déjà maître de la France par la chute de la monarchie. Le représentant du peuple, Barthélemy, adressa à ce sujet une lettre aux administrateurs du département de la Haute-Loire pour rassurer les populations. Il disait « que la *sainte Montagne* a bien voulu reprendre sa domination tyrannique, mais que la masse de la Convention ne souffrira pas que le système de la terreur rétablisse son régime de sang. Il ne doute pas que les ultras de la Haute-Loire veuillent profiter de ce qui s'est passé à Paris, aux journées de germinal et de prairial, pour relever leurs têtes hideuses. Les bons citoyens peuvent le craindre; mais c'est pour les rassurer, pour les exhorter à comprimer avec une égale force et le terrorisme et le royalisme, qu'il a écrit à l'assemblée cette lettre qui a été publiée par l'administration. »

En l'an VII la réaction royaliste était devenue assez puissante pour poursuivre et persécuter les républicains confondus sous le nom de jacobins et terroristes. S'étant démasquée, elle fut écrasée dans la journée de vendémiaire, où les ennemis de la République furent mitraillés à Paris, par Bonaparte, dans l'insurrection qu'ils tentèrent contre le gouvernement. Des représentants furent alors envoyés en mission dans les départements pour rassurer les républicains et arrêter les complots monarchiques. Poultier, délégué dans la Haute-Loire, où des complots royalistes avaient éclaté, adressa du Puy, le 2 brumaire, une proclamation aux patriotes, de 89. En voici quelques passages :

« Le royalisme insolent levait depuis dix mois sa tête hideuse. Déjà il croyait rétabli le trône sur le tombeau de la représentation nationale et sur les cadavres entassés des amis de la République. Déjà ses mains impies avaient fait couler le sang dans les pays méridionaux; déjà, à Paris, il aiguisait ses poignards, signalait ses victimes, et par des chants féroces excitait ses complices au meurtre et au carnage; la Convention a dit aux patriotes de 89 levez-vous, et le royalisme a été terrassé... Patriotes purs et vertueux, sortis de l'état d'angoisse, d'oppres-

sion où vous ont mis les chouans de vos contrées,
le gouvernement m'a envoyé pour vous tendre une
main secourable et fraternelle, pour relancer au nom
des lois vos incorrigibles ennemis et briser le couteau
royal dont ils s'armaient pour vous assassiner... Je
poursuivrai les auteurs, fauteurs, instigateurs des
troubles contre-révolutionnaires qui se sont mani-
festés dans ce département... Ceux qui auront quelque connaissance de la rébellion que viennent
d'étouffer nos braves frères d'armes de la garde nationale fidèle de ce département, peuvent les trans-
mettre au conseil de guerre. »

Pendant les jours de cette réaction royaliste, voilà
ce qui s'est passé en Auvergne :

Toutes les communes ont été le théâtre de grandes
fermentations ; celles-là seules ont été exemptes dont
les ministres assermentés n'ont pu s'approcher. A
Sauxillanges, plusieurs coups de pistolet ont été
tirés sur des officiers en écharpe ; à Saint-Germain,
un lieutenant de volontaires arrêté sur la grand'route
et percé de coups ; à Planzat, insurrection contre les
acquéreurs de biens nationaux, demande de partage
de ces propriétés, l'asile des citoyens violé, pillage
de leurs denrées, drapeau blanc déployé, assassinat
de deux citoyens dans cette commune ; à Beaumont,
massacre de quelques patriotes ; à la Sauvetat, le
curé constitutionnel arraché de son autel par M. de
Bar, agent du roi ; à Champeix, un citoyen en danger
de perdre la vie par les provocations d'une nouvelle
Théot ; à Nescher, l'arbre de la liberté coupé.

L'électeur patriote, dans Clermont, est frappé et
mis en fuite. Une horde de vociférateurs à gages,

de fanatiques, de gens sans aveu, d'adonis énervés par le luxe et la mollesse, parcourt les rues, fait la police, sabre les républicains. Ces factieux forcent la salle des élections, distribuent les scrutins; armés, ils prennent place au côté droit, menacent de mort le côté gauche qui réclame leur exclusion; le général Chapsal, chargé de maintenir l'ordre, insulté, arrêté; à peine arrive-t-il au département, un commissaire du pouvoir exécutif assailli et mis sous les poignards de réveilleurs féroces; tentatives de ces cannibales de royaliser Riom; irruption et orgie de cinq cents d'entre eux dans cette commune; retraite précipitée de ces furieux sur Clermont; les volontaires nationaux attaqués, désarmés et jetés dans les fers; la maison de Mabin assaillie à coup de pierres, et ses fenêtres brisées; enfin, ces forcenés ne laissant que l'anarchie, la dévastation, le meurtre et les larmes.

L'oppression du parti patriote, la nomination d'administrateurs, de juges, de hauts jurés et de députés, vendus à la couronne, tel devait être le résultat momentané de leur combinaison. » (Extrait d'une brochure sur les évènements qui ont suivi en 1797 les assemblées électorales dans le Puy-de-Dôme, attribuée à Gauthier Biauzat.)

Voici ce que dit un autre écrivain, Marcellin Boudet, président du tribunal de Thiers, auteur des *Exécutés* :

« De l'an V à l'an VIII Clermont et l'Auvergne ont été le théâtre de scènes tumultueuses ou violentes, dont les thermidoriens, les royalistes furent les auteurs. Au mois de juin 1797, un officier de police est tué à Clermont; à Villejac, le juge de paix de

Bourg-Lastic éprouve le même sort; à Tallende, une religieuse défroquée avait épousé, en 1794, un cultivateur; devenu l'objet de risée pour les uns, de mépris pour les autres, celui-ci se persuade que son mariage n'est qu'un concubinage sacrilège; il croit que l'enfant qui naîtra d'une telle union sera l'Anti-Christ. La tête perdue, il conduit sa femme dans une grange, le jour même de la Fête-Dieu, l'attache à une échelle, lui enfonce une fourche de fer dans le ventre et arrache l'enfant prêt à naître. A Veyre, Dupic est assassiné par les thermidoriens. Les cris de : *A bas les chouans! Vive Marat!* se croisaient avec ceux de : *A bas les jacobins!* Au bois de Cros, à la suite d'un repas, deux hommes tombèrent dans une rixe, au milieu de la foule, que la municipalité crut devoir réprimer avec le canon.

» Ailleurs, l'un des chefs les plus ardents des royalistes, M. Onzelow, étant sorti dans sa voiture, fut assailli et blessé ainsi que les personnes qui étaient avec lui, et son cocher.

» D'autre part, dans la nuit du 28 au 29 brumaire de l'an V, Caprais de Brignon, l'ancien constituant, curé constitutionnel de Dore-l'Eglise, dans le canton d'Arlanc, était détroussé dans sa maison, et périssait sous le fusil d'une dizaine de scélérats, écume de la bande du marquis de Bérignan. Un autre républicain de l'arrondissement d'Ambert tombait sous le coup de ces malfaiteurs, et aux portes de Clermont jusqu'aux montagnes de la Corrèze, une bande de gentilshommes d'Auvergne et du Bourbonnais, qu'une commission militaire, instituée à Poitiers, condamna plus tard à mort par contumax, *brigandait* à main armée.

» La bande de Bérignan pilla complètement un jour la maison de Baraillon, député de la Creuse, comme l'avait été celle du curé Brignon; elle jeta, une autre fois, dans un étang, à Gial, un homme qu'elle soupçonnait d'espionnage. C'est elle qui, au nombre de 14 individus, arrêta sur la route, dans le bois de Chatre, commune de Saint-Quintin, la diligence de Felletin, dans laquelle se trouvait le montant des per-ceptions. La gendarmerie escortait la voiture : le combat fut sanglant. Le conducteur, un brigadier de gendarmerie et un gendarme furent tués; les chevaux avaient d'abord étaient tués. La bande resta maîtresse du terrain et s'empara de l'argent du trésor. Furent condamnés à mort par contumax par le conseil de guerre de Poitiers pour ce brigandage : les deux fils Sersiron, Labesse, dit Murat, du Montel-de-Gelat, dit *Dondon,* Fauchet (de Clermont), Douhet (de Pron-dines), Falvard Bonparent (de Bonparent, canton de Rochefort), de Linard (de Teissonières, commune de Verninget, ci-devant comte de Lyon), Pierre de Tournemire fils (de Dumont, canton d'Ussel).

» La bande de ces partisans, qui opéraient sous le Directoire, dans les montagnes de la basse Auvergne et sur les confins de la Creuse et de la Corrèze, était composée de paysans réfractaires, et commandée par des seigneurs ruinés, traqués. Parmi ceux-ci figurait en première ligne M. P. (de l'Allier), homme d'une vigueur et d'une audace extraordinaires, qui vengeait sur les patriotes, disait-il, ses parents guillotinés, et arrêtait les diligences sous le prétexe que l'argent était nécessaire au service du roi. Il appelait cela « des réquisitions forcées. » Il paraît que cette bande était en rapport avec celle du marquis de Bérignan, qui faisait des excursions de tous côtés, vint jusqu'à Ambert et périt sur la route de La Palisse, à l'attaque d'une diligence.

» En même temps, les déserteurs, les repris de justice, infestaient les grands chemins à ce point que la garde nationale de Clermont faisait la patrouille, le soir, sur toutes les routes aboutissant à Clermont. Dans la forêt de Randan, habitait une troupe de bandits qu'on ne pouvait déloger. Les Barraques, Ladoux, certains défilés de montagnes, étaient des coupe-gorges. Les diligences étaient souvent arrêtées.

» D'autre part, les chefs du parti préparaient un mouvement en Auvergne, où l'insurrection avait été organisée à Clermont, où on avait réuni des armes et des munitions. On devait s'emparer de Clermont, Riom, Ambert et Thiers. Un grand nombre de gentilshommes réunis au chef-lieu, n'attendaient que le signal du midi, pour prendre les armes. Le complot fut découvert et on arrêta MM. Despinchal, de Ligonès, Vernon, de Retz, de la Villatte qui était chargé d'une mission secrète du comte d'Artois. » M. de la Villatte se sauva de prison par le dévouement de son fils, qui changeant d'habits avec lui pendant une visite aux détenus, prit sa place. Le comte de Retz, émigré rentré malgré les décrets, fut exécuté.

M. de la Villatte fut épargné et bientôt gracié ; c'est celui qui fut plus tard premier valet de chambre du duc de Bordeaux.

CHAPITRE IV

EMPIRE

La réaction thermidorienne, la faiblesse du Directoire, l'audace des royalistes, qui conspiraient ouvertement, avaient fait le lit de l'empire, en jetant le
trouble, la discorde, la démoralisation dans la République française. Bonaparte, pour arriver au trône,
fit sauter les *paillasses* par la fenêtre de Saint-Cloud,
dans les journées maudites de brumaire.

A la nouvelle de cet attentat, les vieux terroristes
de Brioude s'émurent. L'administration fit signer l'a-
dresse suivante aux commissions législatives :

« Citoyens représentants, la République allait périr, vous l'avez sauvée le 18 brumaire. Grâces vous
soient rendues. Législateurs fidèles à votre mandat,
vous avez rempli le vœu du peuple, il vous devra son
bonheur et sa liberté, pour lesquels il a fait tant de
sacrifices et pour lesquels il est prêt à en faire tous les
jours de nouveaux.... Les travaux auxquels vous vous
livrez vont consolider la République. Vous avez juré
de maintenir la souveraineté du peuple, l'unité et
l'indivisibilité de la République, la liberté, l'égalité
et le système représentatif : comme vous nous le jurons et ce serment solennel ne sera pas vain. Tous
les français réunis à votre voix sous la même ban-

nière, devenus plus forts par l'unité de leurs opinions, de leur volonté, vont activer l'ouvrage qu'ont commencé nos braves armées, c'est-à-dire forcer nos ennemis d'accepter la paix. Cette paix, honorable pour la France, sans humilier nos ennemis, n'en sera que plus durable, elle assurera notre bonheur et vous aurez rempli votre but. Nous l'avons longtemps désirée, nous sommes sûrs que nous touchons au moment de l'avoir, parce que vous nous l'avez promis... Vous avez voulu le bonheur du peuple lorsque vous avez élevé à la première magistrature l'homme qui depuis longtemps a fixé les regards de l'univers. Salut, confiance et dévouement. Signé : Gueyffier, président, Grenier Barthélemy, Bonne, Bastide, administrateurs municipaux, Salveton, commissaire du gouvernement, Bagès, secrétaire. »

Apostats ou niais et dans tous les cas tristes politiques, tous ces anciens révolutionnaires qui *avant même Napoléon le petit* ont dit : *le bonapartisme c'est la paix,* et remercient d'avoir sauvé la République ceux qui l'ont étranglée. Il fallait que comme tant d'autres, hélas ! qui ont acclamé le criminel coup d'état de brumaire, ils fussent tous ramollis.

En lisant les adresses signées des mêmes personnes qui acclament tous les gouvernements qui se succèdent, on n'est pas surpris que le législateur crût devoir interdire toute adresse des administrations et conseils municipaux. Il faut croire aussi que ceux qui aux termes des arrêtés, décrets ou lois, prêtent en entrant dans n'importe quelles fonctions, serment de fidélité au pouvoir du jour, étaient de l'avis que *prêter* n'est pas **donner**.

Le XVIIIe siècle, que la philosophie et la Révolution, en détruisant les superstitions, les inégalités, les injustices, les servitudes de la vieille société, ont rendu à jamais célèbre dans les annales de la France, finit par le coup d'état de brumaire, cet attentat de la force contre le droit.

Le XIXe siècle, dans son commencement, va être rempli par le bruit qui se fait autour d'un homme, celui qui remettra le peuple sous le joug et restaurera, autant qu'il dépendra de lui, l'ancien régime, en faisant refleurir la monarchie absolue, la noblesse, les ordres de chevalerie, les majorats, les impôts du passé, en rendant au clergé sa puissance, ses richesses, et donnant à la faveur toutes les places, toutes les fonctions, auxquelles sous la République l'élection seule donnait accès. Napoléon Bonaparte, d'abord consul, bientôt empereur, est pendant seize ans le maître, l'arbitre des destinées de la France, dont il est le mauvais génie, et il met l'Europe entière à feu et à sang, pour satisfaire son insatiable ambition. Après avoir noyé la liberté dans le sang de cinq millions d'hommes disparus dans ses sanglantes guerres, il perd avec sa dernière bataille, à Waterloo, le fruit de ses conquêtes, son empire, sa couronne de gloire, et va mourir sur le rocher de Sainte-Hélène, laissant la France envahie, ruinée, démembrée par la coalition des rois que leurs peuples, soulevés pour leur indépendance, ont poussés à la vengeance, à la revanche.

Ce XIXe siècle, qui a vu naître et tomber le premier empire, la monarchie des Bourbons, la monarchie des d'Orléans, la République du suffrage universel, le second empire et nous a rendu la République, a commencé par le despotisme et la force. Il finira, nous l'espérons, sous la République démocratique et sociale, par le droit et la liberté appuyés sur la science qui, progressant sans cesse, à travers toutes les révolutions, a donné au monde moderne, depuis le commencement de ce siècle, la vapeur, les chemins de fer, le télégraphe électrique, le téléphone, ces grandes découvertes, qui doivent amener un jour l'alliance des peuples dans les Etats-Unis d'Europe.

Mais à dater des jours de brumaire, jusqu'à 1814, la parole est à Napoléon seul. Pendant ces longues années il étouffe la liberté sous la gloire, comme on l'a si souvent dit, et fait de la tribune française une chaire à prêcher ses louanges. L'empire, c'est la France mise sous la botte d'un soldat. Entre le Sénatus-consulte organique, qui fait le césarisme, et la constitution de 93, qui consacrait la souveraineté populaire dans toute sa plénitude, il y a un abîme. Et quel est le plébiscite qui obtient le plus grand nombre de suffrages, trouve le plus petit nombre d'opposants? C'est celui qui met sous le joug le peuple venant se donner lui-même un maître, en déclarant par 3 millions 770,000 voix contre 2,560, qu'il veut l'hérédité et la dignité impériale dans la descendance directe, naturelle, légitime et adoptive de Napoléon Bonaparte, et dans la descendance directe, naturelle et légitime de Joseph Bonaparte et de Louis Bonaparte. Alors, comme cela devait se revoir sous un autre Napoléon, le neveu de son oncle, la peur, l'ignorance, l'hypocrisie, la violence, le pouvoir, tiennent l'urne à double fond où sont les destinées de la France.

Avec toutes les grandes dignités de l'empire sur-
gissent les préfets et sous-préfets, qui sont dans les
départements et arrondissements succédant aux dis-
tricts, les chefs et les instruments d'une centralisation monstrueuse comme on n'en avait jamais vue,
même sous la monarchie du droit divin. Les *droits
réunis* ressuscitant les anciens aides, viennent de nouveau pressurer le peuple, que la conscription met en
coupe réglée pour en faire de la chair à canon. En
revanche le clergé catholique, par le concordat, rentre
en maître dans les églises, et l'ancienne noblesse, à
laquelle est adjointe une chevalerie nouvelle pourvue
de majorats, étale ses titres, ses croix dans la France
qui a cessé d'être républicaine.

Nous savons peu de chose de l'histoire de Brioude
pendant l'empire. Toute vie civique a cessé. Des
fonctionnaires nouveaux, dévoués corps et âme au
pouvoir, succèdent aux fonctionnaires républicains.
Les *te deum*, les revues militaires prennent la place des
farandoles et des manifestations populaires des journées révolutionnaires. *Partant pour la Syrie* a remplacé la *Marseillaise,* le *Chant du départ,* et la plupart de nos anciens démagogues sont devenus ultra-
bonapartistes. Brioude est sillonné de troupes de
passage, qui vont porter leurs os sur tous les champs
de bataille de l'empire, et il envoie en grand nombre
ses enfants périr dans ces sanglantes hécatombes.

Les hommes de mon âge se rappellent avoir vu
défiler et loger en ville pendant les dernières convul-
sions de l'empire, les six mille hommes commandés
par le général Bourmann, qui les ramenait de Lyon.
Ils ont aussi gardé le souvenir du quatrième de hus-

sards dont la réputation comme le costume étaient si éclatants, et des cuirassiers commandés par Saint-Chamand. Peu s'en fallut même qu'il ne vissent fusiller sous leurs yeux un de leurs concitoyens, Courtet, aubergiste, parce que son domestique avait pris ou acheté des cartouches à des soldats logeant chez lui. L'intervention pressante de l'administration municipale et les prières de madame de Labastide l'arrachèrent à une mort certaine.

Ce fut aussi dans les Cent jours que le général Mouton-Duvernet allant de Lyon, dont il avait été nommé gouverneur, à Paris, pour se rendre au corps législatif, s'arrêta quelques heures à Brioude ; des fenêtres de la maison Reyrole, qui était l'ancien doyenné et est maintenant la maison communale où est la caisse d'épargne, il harangua la population en faveur de Napoléon. La part qu'il avait prise à la cause de l'empereur dans les Cent jours, et l'ardeur avec laquelle il repoussa au corps législatif jusqu'au dernier moment tout projet de capitulation, chercha à maintenir sur le trône le premier Napoléon, d'abord, son fils ensuite, dictèrent son arrêt de mort. En 1816, arrêté en sortant d'une maison où il avait reçu un asile qu'il ne croyait plus sûr, il fut condamné à mort par un conseil de guerre et fusillé à Lyon, sur les bords du Rhône. La jeunesse royaliste dansa sur la terre ensanglantée où il était tombé ; quelques jours après, dans un grand repas de la noblesse, on servit un foie de *mouton* que l'on perça de coups de couteau.

Le premier préfet de l'empire dans la Haute-Loire a été M. Antoine Rabusson-Lamothe, ancien membre de la Législative et propriétaire des mines de Frugières. Ayant donné sa démission à cause de l'état de ses affaires, il fut remplacé par M. Cahouet, préfet à poigne du temps. C'était celui-ci qui faisait partir les borgnes, disant que deux yeux c'était du luxe.

Les sous-préfets de l'arrondissement de Brioude furent MM. Grenier d'Azinières, ancien constituant, Croze père, de Drè, Huguet dans les Cent jours. Les maires, depuis 89, sont MM. Dubreuil, de Longpré, Bonne père, Dalbine, Montfleury, Dejax, Martinon St-Ferréol. *Sénateur*, le comte Dupuy ; *membre du tribunat,* le baron Grenier ; *députés au corps législatif,* MM. Borel, Vernière, Belmont aîné, le général Jacopin, questeur, de Brioude, mais qui n'appartenait plus à la Haute-Loire. Présidents du tribunal civil, Delcher, ancien conventionnel, Dalbine père ; procureur impérial, Lagrange, l'ancien bailli du Chapitre.

CHAPITRE V

NOS ILLUSTRATIONS

Parmi les habitants ou enfants de l'arrondissement de Brioude ceux qui ont joué un rôle plus ou moins brillant dans la Révolution, à l'armée, dans les affaires, ou ont occupé une position quelconque, laissé une trace de leur passage pendant cette période si orageuse qui vit tomber tour à tour la monarchie de droit divin, la République, le Directoire, l'Empire, la Restauration, le plus illustre de tous est le général Lafayette. Né en 1757, à Chavaniac, canton de Paulhaguet, arrondissement de Brioude, Lafayette (Gilber-Motier, marquis de), est un de ces hommes dont le nom restera dans l'histoire.

Après avoir combattu avec gloire et succès pour l'indépendance de l'Amérique du Nord, il était devenu en France un des hommes de 89 qui eurent le plus de popularité, pour la part qu'il avait prise pendant la Constituante aux grandes journées de la première période de la Révolution, et il se tourna ensuite contre cette Révolution qui suivait son cours pour affranchir la France de ses tyrans séculaires, le roi, la noblesse, le clergé. Rentré dans la patrie, en sortant des prisons d'Olmutz, où l'avaient fait jeter les rois de la coalition quand il avait été forcé de quitter la France, il ne courba jamais la tête sous l'empire, et il prononça la déchéance de l'empereur, qui, pour repousser l'étranger, demandait à livrer sa dernière bataille contre les envahisseurs, que son insatiable ambition, sa soif de conquêtes avaient jetés sur la France. Sous la Restauration, il fut l'ennemi acharné des Bourbons, joua sa tête dans plus d'une conspiration, et il laissa Louis-Philippe monter sur le trône.

Avec de bonnes intentions, un véritable amour de la liberté, une grande fermeté d'opinions, le général Lafayette n'a su profiter ni pour lui ni pour le pays de la grande position que lui avaient faite les évènements de 1789 et de 1830. Trop confiant, connaissant mal les hommes, ne voyant pas les choses d'assez haut, voulant marcher jusqu'au bout dans ce qu'il croyait être la ligne droite, il a eu le malheur d'enrayer la marche de deux révolutions, est mort avec le regret de voir la France livrée par sa faute aux hommes de couardise, d'intrigue, de corruption, qui devaient si longtemps l'exploiter.

Bouillé (Claude-Amon, marquis de) est né en 1739 au Cluzel, arrondissement de Brioude, canton de Langeac. Pendant la guerre d'Amérique, il enleva plusieurs îles aux anglais, pendant qu'il était gouverneur des Iles du Vent. En 1790, il fut nommé commandant en chef de l'armée de Sarre-et-Moselle. Bientôt il conspira ouvertement contre l'assemblée nationale. Lors de la fuite du roi Louis XVI à Varenne, il chercha à soulever son armée pour favoriser cette fuite, et n'ayant pu réussir, il se retira à Coblentz, d'où il essaya en vain d'ameuter l'Europe mo-

narchique contre la France révolutionnaire pour
sauver son roi. Après avoir échoué dans ses projets
anti-patriotiques, il fut mourir à Londres en 1800.
La *Marseillaise* a immortalisé son nom en le vouant
à l'exécration des patriotes dans cette strophe :

> Ces complices de Bouillé,
> Tous ces monstres qui, sans pitié,
> Déchirent le sein de leur mère.

Le château de Cluzel est très près du château de
Chavaniac, appartenant encore au petit-fils du général Lafayette, dont le marquis de Bouillé était parent.

C'est dans une localité voisine aussi, à Lavoûte,
arrondissement de Brioude, que sont nés les généraux
Alexandre et Louis Romeuf, qui d'abord furent
aides de camp du général Lafayette. Le dernier assista à Varennes à l'arrestation de Louis XVI, devint
comme son frère un des partisans de l'empereur et
fut tué à la bataille de la Moskowa.

Nande Dupoyet, oncle par alliance de M. Borne,
se rattache à Brioude par sa famille et par sa naissance. Général de génie, il se distingua au siège de
Caprée. Il y fut fait prisonnier et n'échappa à la mort
sur le champ de bataille, qu'en faisant au moment où
il allait être tué, le signe de détresse des francs-
maçons, à celui qui allait lui passer son épée à travers le corps s'il n'avait pas été un frère. Ce général
a publié un petit ouvrage sur l'incendie de Moscou.

Jacopin est né et a été baptisé dans la paroisse de
St-Préjet, à Brioude, le 20 octobre 1755. Il était fils
de Jacques Jacopin, maréchal dans la gendarmerie de
la reine, en garnison à Brioude, et de Marianne Fer-
rand. Son parrain était Jean Grenier, marchand

boucher, et sa marraine Marguerite Rey. Dans *l'Histoire des victoires et conquêtes des armées françaises pendant la République et l'Empire,* voici la notice qui lui est consacrée :

« Jean Jacopin, général de brigade, commandeur de la légion d'honneur, né à Brioude, Haute-Loire, le 20 octobre 1755. Etant lieutenant au 6ᵉ bataillon de la Meurthe, en août 1792, il se distingua sur la Sarre et dans deux sorties qu'il fit aux environs de Luxembourg. Le 22 septembre suivant, il fut nommé adjoint à l'état-major de l'armée de la Moselle, où il fit plusieurs actions d'éclat qui lui valurent le grade de général de brigade. Le 20 nivôse an II, blessé d'un coup de feu à la jambe, à l'affaire de Billchaussen, près Sarrebourg ; deux jours auparavant il avait été renversé par un boulet. Il reçut l'ordre, aussitôt qu'il fut rétabli, de se rendre à l'armée de Sambre-et-Meuse ; ayant obtenu un commandement dans la division du général Lefebvre, il combattit successivement aux affaires de Sainte-Croix, près de Dinan, où il fit plusieurs prisonniers, et aux deux batailles de Fleurus.

A la première bataille, il occupait une position en avant de Fleurus, à la tête de la division des troupes légères de Lefebvre, lorsqu'il fut prévenu que l'armée se repliait alors sur la Sambre, pressée dans ce moment par toutes les forces de l'ennemi, il le chargea vigoureusement, lui fit éprouver de très grandes pertes, et donna le temps au général Lefebvre de disposer sa division de manière à opérer la retraite en bon ordre. Lors de la mémorable bataille de Fleurus, 8 messidor an II, le général Lefebvre s'aper-

cevant que le général Marceau allait être infailliblement écrasé par des masses d'infanterie autrichienne,
ordonna au général Jacopin de se porter sur ce point
pour le soutenir. Cet ordre fut exécuté avec autant
de promptitude que d'habileté. Malgré des charges
réitérées et un feu continuel d'artillerie, le général
Jacopin conserva la position dont il s'était emparé,
contint les efforts de l'ennemi, et finit par le chasser
de la position qu'occupaient auparavant les troupes
de notre aile droite. Il se distingua également à
Braine-Lalande, près de Nivelle, où il dégagea le
général Dubois, qui était cerné par un ennemi infiniment supérieur à lui. Il prit une brillante part au
combat de Roer, près de Timerik.

Quand le général en chef, Jourdan, se détermina,
en l'an III, à traverser le Rhin, il chargea le général
Jacopin, dans la nuit du 15 fructidor, de s'emparer
de l'île de Newied, située au bas du village de Wen-
senthurg; à la tête de 1,200 grenadiers qu'il embar-
qua dans des nacelles préparées à la hâte, ce général
s'empara de cette île, qui n'était point occupée par
les autrichiens. Il y élevait des retranchements et des
batteries destinées à en assurer la possession, lorsque le bruit que ses soldats faisaient en construisant
ces ouvrages, donna l'éveil à l'ennemi campé sur la
rive opposée. Les autrichiens dirigèrent aussitôt sur
l'île de Newied un feu d'artillerie et de mousquetterie. Les batteries françaises répondent. Il s'établit
une canonnade opiniâtre pendant toute la nuit. Mais
dès la pointe du jour les français ayant achevé leurs
ouvrages, demeurent maîtres de l'île, dans laquelle
le général Jacopin fit élever trois batteries. Grâce à

l'habileté de ce général, Jourdan effectua le passage du Rhin et battit les autrichiens. Dans le cours de cette campagne, il se distingua encore dans le mois de frimaire, à Blicastel. Au passage de la Sieg, le 10 prairial an IV, le général Jacopin traversa cette rivière, malgré son extrême rapidité, avec de l'eau jusqu'à la poitrine, chassa l'ennemi de toutes ses positions, et le força de chercher son salut dans la fuite. Il acquit une nouvelle gloire au combat de Friedberg, le 22 messidor suivant. On le vit chargeant, à la tête de la 42ᵉ demi-brigade, de deux pièces de canon, et du 11ᵉ régiment de dragons, se porter rapidement sur la ville de ce nom, en enfoncer les portes, malgre le feu d'artillerie et de mousquetterie le plus vif, y pénétrer, en chasser les autrichiens puis leur enlever 200 hommes, un drapeau et une pièce de canon.

Le 3 fructidor de cette année, il donna des preuves d'une rare intrépidité à Acuberg, où il s'empara d'une gorge par laquelle l'ennemi cherchait à déboucher dans la plaine. Attaqué de tous côtés par l'élite des troupes du général Kray, il s'avance avec deux bataillons, culbute tout ce qui est devant lui et force les autrichiens à abandonner toutes les hauteurs qu'ils occupaient quelques heures auparavant.

En l'an VII, le général Jacopin passa dans la division Férino, et combattit avec sa valeur accoutumée à Heslingen et à Walwany, près de Stockatle, qu'il prit. Un autre genre de gloire lui était réservé dans le haut et bas Valais, où il fut envoyé en l'an VIII. Chargé du commandement de l'avant-garde du général Thurct, il éprouva de grandes difficultés pour

faire subsister sa troupe dans ce pays désert, que les
habitants avaient presque tous abandonnés pour se
joindre à l'ennemi... Lorsque l'armée française dé-
boucha de ce pays, le général Jacopin enleva les
positions de Roswald, s'empara du sommet du Sim-
plon et chassa l'ennemi de la vallée de Domodossala
jusqu'à la position de Magiadono, s'empara du lac
Majeur et des îles Borromées. Il établit ses positions
à 12 lieues de Milan. En l'an VIII, faisant partie de
la division Delmas, il se distingua au combat de
Welchingeren, le 13 floréal, y fut blessé d'un coup de
feu à la cuisse. Cette affaire est la dernière à laquelle
il prit part. »

Dans la *Galerie militaire,* ou notions historiques
sur les généraux, amiraux, etc., qui ont commandé
les armées de la Révolution, ouvrage publié par
Rabe et Beaumont, à Paris, an XIII, on trouve page
264, sur Jacopin, les renseignements suivants :

« La blessure du général le retint au lit pendant
trois mois, sans qu'il pût faire aucun mouvement. Au
bout de ce temps on lui fit la contre-ouverture. Depuis il en est resté estropié. La paix, qui ne tarda
point à couronner les travaux de nos généraux défenseurs, le rendit au repos et à sa patrie. Il jouissait
dans ses foyers du souvenir d'une carrière sérieuse
et irréprochable, satisfait d'avoir rempli ses devoirs
en servant son pays, lorsque les suffrages de ses concitoyens (de la Drôme) l'appelèrent, en l'an X, le 6
germinal, aux fonctions de membre du corps législatif. Depuis cette époque le général Jacopin a reçu
plusieurs preuves d'estime et de confiance de la part
de ses collègues et du chef de l'Etat. Du 1er prairial

au 11 il fut nommé secrétaire du corps législatif, dont il fut choisi pour questeur, par le premier consul, lors de la création de cette place. Il venait de terminer ses fonctions législatives, quand il reçut le 4 frimaire an XII la croix de membre de la Légion d'honneur, et le 24 prairial celle de commandeur de l'ordre. En 1805, l'empereur lui confia le commandement de l'armée de réserve du Rhin. Il eut ensuite, dans l'intérieur divers autres commandements, jusqu'en 1811, époque où il demanda et obtint sa retraite. Il mourut quelque temps après. »

Nous ajouterons un document qui fait le plus grand honneur à ce général des armées républicaines : c'est une lettre du président de la confédération helvétique au chef de corps aussi humain que vaillant. Il avait éprouvé dans le Valais, nous l'avons dit, les plus grandes peines pour faire subsister son armée dans ce pays, devenu désert, tant parce que les moyens de transport étaient très difficiles, que parce que les habitants ayant tout abandonné, faisaient en partie l'avant-garde de l'ennemi. Mais dans cette position critique il sut agir avec tant de sagesse, de prudence, d'humanité, qu'il contribua beaucoup à inspirer de la confiance aux habitants, qui rentrèrent. Voici cette lettre :

« Berne, 29 août 1799.

« Citoyen général,

» Le Directoire exécutif sait que si le malheureux canton du Valais n'est pas entièrement désolé, si nombre de plaies ont été cicatrisées, c'est à votre humanité qu'il le doit. Vous avez nourri l'habitant mourant de faim ; vous avez protégé le faible. L'ennemi même est devenu l'objet de vos soins. Recevez l'assurance de notre estime et de notre reconnaissance, aussi précieuse sans doute à votre cœur que les lauriers militaires. Plein de confiance en vos vertus, le Directoire se permet de croire que vous voudrez bien coopérer aux mesures de bienfaisance qu'il veut prendre pour réorganiser les contrées désertes du Valais, et pour leur rendre la paix et la tranquillité sous le régime constitutionnel ; veuillez lui faire part de vos vues à ce sujet, elles concourront avec les siennes, et le but sera plus sûrement atteint.

« LAHARPE. »

Pour le Directoire exécutif,

Le Secrétaire général : GRENIER.

Jacopin, on le voit, était de l'école des Hoche, des Marceau, des Desaix, de cette pléïade de héros républicains qui, combattant pour la patrie, étaient pleins d'audace et de vaillance dans la bataille, désintéressés, modestes dans la victoire, se faisaient admirer de leurs ennemis mêmes, et sont restés l'orgueil de la France.

S'il accepta plus tard les faveurs impériales, c'est que l'âge et les infirmités, autant que l'éclat des victoires de Napoléon avaient affaibli, obscurci les sentiments républicains de sa verte jeunesse.

Après le 4 septembre 1870, le conseil municipal républicain de Brioude avait décidé qu'un boulevard recevrait le nom de celui de ses enfants dont Brioude a le plus de droit d'être fier. La commission extramunicipale nommée par un décret de bon plaisir, ne crut pas devoir réaliser ce projet si modeste. Bien que le conseil municipal eût été réinstallé et eût renouvelé ses vœux, l'administration, prise en dehors du conseil et le préfet de l'ordre moral qui croyaient Jacopin synonyme de jacobin, n'approuvèrent pas sa délibération, pas plus que celle par laquelle le conseil avait demandé qu'un buste de la République fût placé dans la salle de ses délibérations. Ce n'est qu'après le balayage des hommes du 16 mai que ces délibérations ont été mises à exécution.

Dans une sphère moins élevée, moins brillante, on peut nommer parmi les officiers qui ont pris part à ces grandes guerres de l'empire, le major Lefebvre-Desgardes, frère du général Lefebvre des Nouettes ; le chef de bataillon Levet, qui se distingua à Waterloo ; le lieutenant-colonel Missonnier, qui tous trois sont venus se marier à Brioude, où ils sont morts.

Nous devons mentionner ensuite, le doyen d'eux tous, mais qui n'avait servi que sous la monarchie de droit divin, M. Dulac, chevalier de St-Louis, lieutenant de frégate. Le bailli de Suffren, sous les ordres duquel il avait combattu, l'envoya porter à Versailles la nouvelle du combat naval de Grasse. Il est mort à 102 ans, en 1852, ayant donné une de ses filles en mariage à un Cadoudal.

Couguet Julien, (le père d'Eugène Couguet, ancien sous-préfet), lieutenant de hussards. Il se distingua en Espagne, sur les bords du Rhin, et fut l'un des officiers chargés de recevoir le corps de Marceau. Il était l'aide de camp du général Castelvert, ami de Hoche et de Marceau et républicain comme eux.

Dans le civil, nous avons à citer MM. Croze de Montbrizet Jean-François ; né à Brioude en 1752, il entra dans la magistrature en 1778, fut successivement, conseiller du roi, président de l'élection de Brioude, juge au tribunal civil du district de Brioude, id. au tribunal civil du département de la Haute-Loire, président au tribunal civil de Brioude, commissaire du gouvernement près le tribunal civil d'Yssingeaux, procureur général près le tribunal criminel de Marengo, fructidor an X, procureur criminel de la cour d'assises du même département, an XI, décoré à cette époque. Rentré à Brioude après 1814, mort en 1823. Représenté par la famille Faye.

Grenier Jean (baron), commandeur de la Légion d'honneur, né à Brioude (Hte-Loire), dans la rue de Séguret, paroisse Notre-Dame, le 16 septembre 1753. Fils de Grenier Benoît, notaire, et de Jeanne Triolier. Son père notaire et bailli de Langeac, l'ayant destiné à la carrière du barreau, le fit recevoir avocat en 1777. Elu en 1789 membre du conseil municipal de Riom, en 1791 procureur syndic du district, et en 1792 président du bureau de conciliation de cette ville. Il devint en l'an IV commissaire du gouvernement près le tribunal civil du Puy-de-Dôme ; il représenta ce département au conseil des Cinq Cents, de l'an VII à l'an VIII ; il fit ensuite partie du tribunat jusqu'à la dissolution de cette assemblée, du corps législatif jusqu'en 1809, et dans ces assemblées s'occupant spécialement de législation civile, il fut souvent chargé de rapports sur divers titres du code civil. Il était en 1813 procureur général près la cour impériale de Riom, dont il fut nommé premier président, le 24 août 1819 ; fait officier de la Légion d'honneur le 22 mai 1825, pair de France en 1832, et enfin commandeur de l'ordre le 31 mai 1837 ; il est mort le 30 janvier 1841, à Riom.

L'une des rues de cette ville a pris son nom. Membre de l'académie de Clermont; la science du droit lui doit plusieurs ouvrages estimés, entre autres un traité sur les donations, un autre sur les hypothèques. Il n'a laissé qu'une fille, mariée à M. de Combres.

Les diverses fonctions qu'il a occupées sous tant de règnes montrent que M. Grenier connaissait ou pratiquait mieux le droit civil et le droit romain, que le droit chemin.

Dupuy, d'une ancienne famille bourgeoise de Brioude, fut élevé avec l'intendant d'Auvergne Ballainvillers par l'abbé Fleury. Allié aux familles Martinon St-Ferréol et Nozerine, il avait toujours conservé beaucoup d'attachement pour la Haute-Loire, où son neveu devait venir préfet après la Révolution du 29 juillet, pour Brioude en particulier qu'il visita souvent, et pour ses parents habitant cette ville. M. Dupuy, lié avec M. de Sartines, avait été nommé à 25 ans intendant général de l'Ile de France que par son énergie il conserva à la France. Pendant l'empire il fut secrétaire d'ambassade sous Joseph et signa en cette qualité un traité avec lord Answald. Conseiller d'état et sénateur en 1815, il fut envoyé par Louis XVIII comme gouverneur à Pondichéry, où il resta peu de temps et bientôt après fut fait pair de France, commandeur de la Légion d'honneur. A l'ile de France il avait épousé une riche créole, Ruth Etienne. De ce mariage sont issues deux filles, mariées l'une au comte d'Astorg, l'autre au comte d'Oudenarde.

Beaufort-Cassaigne de Miramon, né à Paulhac, près Brioude, marquis de l'ancien régime et comte de l'empire, il fut chambellan de l'empereur Napoléon.

Le comte Palamède de Macheco. Revenu dans son château d'Alleret, de l'émigration, où en portant les armes contre la France il avait eu le corps traversé d'un coup d'épée, il fut en 1815 un des chefs du parti royaliste dans la Haute-Loire. Il fut nommé commandant général des gardes nationales du département et envoyé, aux élections du 4 juillet, comme député à la chambre introuvable, où il siégea sur les bancs de la droite. Homme du monde, d'une politesse exquise, de manières distinguées, le comte de Macheco, s'il se mit à la tête de la réaction, ne se laissa pas entraîner par la passion politique, à aucun de ces actes de violence, d'iniquité, de vengeance, qui pèsent sur la mémoire de tant de royalistes de cette époque. Il se retira du reste de bonne heure de la vie politique, et tout en gardant ses convictions monarchistes et religieuses, il se livra tout entier, dans sa belle terre d'Alleret, dont il avait fait une ferme modèle, à l'agriculture qui, grâce à son exemple, à ses encouragements, s'est développée rapidement dans notre arrondissement.

Savin de Surgy, fils de Jacques-Clément de Jonvillers, écuyer, contrôleur général des fermes de Brioude, neveu du baron St-Brun de Surgy, dont il fut autorisé à joindre le nom patronimique au sien; est né à Brioude le 17 juin 1787. Il débuta à 17 ans dans la comptabilité nationale, fut admis ensuite dans l'administration centrale des douanes, à Paris; devint plus tard successivement, à la cour des comptes, conseiller référendaire, conseiller, maître, président de chambre, et remplit les fonctions de premier président jusqu'en 1863, où il fut, comme doyen des présidents, chargé de l'installation du premier président de la cour des comptes, M. Le Royer. Après 58 ans de services, il prit sa retraite et fut nommé président honoraire, ayant reçu peu de temps avant la croix de grand officier de la Légion d'honneur, après avoir été fait, par les divers gouvernements sous lesquels il avait passé, chevalier, officier, commandeur de l'ordre.

Etienne-Joseph Delcher, né à Brioude en 1751, était le neveu d'Etienne Delcher, élu évêque constitutionnel du Puy après la mise à exécution de la constitution civile du clergé. Il fut envoyé comme représentant du peuple, à l'assemblée législative d'abord, à la Convention ensuite, avec Rongier de Flaghat, cultivateur, au langage incorrect mais aux principes fermes, que quelques historiens, confondant le nom de sa localité avec le sien, ont appelé Flaghac, d'autres Rogier. Tous deux votèrent la mort du roi.

Joseph Delcher eut l'honneur d'être choisi par la Convention pour aller remplir dans la Corse une mission périlleuse et difficile, qu'il remplit à la satisfaction de tous. Il fut ensuite envoyé en Espagne comme représentant du peuple près des armées de la République, un de ces postes de confiance qu'on ne donnait qu'aux hommes sûrs et dévoués.

Sous le Directoire, il fit partie, dans le conseil des cinq cents, de la minorité qui s'opposa au 18 brumaire, et, à cause de cela, fut peu de temps après éliminé du tribunal criminel du Puy, dont il était le président. Il devint, sous l'empire, juge, puis président du tribunal civil à Brioude, où il est mort le 6 février 1812.

Rongier avait donné sa démission et se fit fabricant ou marchand de faïence à Brioude, où il mourut.

Nous citerons encore M. Croze fils, sous-préfet à Gênes, alors aussi bonapartiste qu'il fut depuis royaliste et clérical, ayant été un des derniers préfets de Charles X et des barons chrétiens ; Lamothe, préfet du Puy, père putatif d'Auguste Lamothe, que l'on disait fils d'un *richard ;* Pissis, médecin distingué, professeur au Puy, et auteur d'un traité d'hygiène estimé. C'est le père de nos excellents amis Joseph et Aimé, qui se sont créés une famille et conquis une position honorable dans le Nouveau-Monde, l'un à San Francisco, où il est mort il y a peu d'années, l'autre, le cadet, à Sant-Iago, où il est chef des travaux géographiques ; celui-ci a obtenu, pour ses belles cartes du Chili, la médaille d'or de la société de géographie de Paris.

Nous avons parlé ailleurs de MM. Borne et Talairat, qui ont leur place marquée dans cette galerie.

A une époque plus récente, on peut citer MM. Frédéric Salveton, Baptiste Grenier et Louis Romeuf, devenus, d'avocats, procureurs généraux, et le dernier, premier président à la cour d'appel de Riom. Ils n'étaient pas sans mérite, mais devaient surtout à la politique leur haute position dans la magistrature ; M. Mandaroux-Vertamy, avocat à la cour de cassation et au conseil d'état, jurisconsulte fort apprécié des purs légitimistes, membre du conseil de direction de la *Gazette de France,* chargé d'affaires du comte de Chambord, ayant reçu mission de faire publier les dernières œuvres de Chateaubriant.

Le docteur Bertrand de Saint-Germain (Lamothe près Brioude), médecin distingué, qui avait eu dans sa clientèle Cousin, était admis aux soirées intimes de

M. Thiers, et a publié, après les avoir lus devant l'Institut, plusieurs ouvrages philosophiques et scientifiques estimés; le général Charles Pissis (de Paulhaguet), qui avait gagné ses grades dans les campagnes d'Afrique.

CHAPITRE VI

SOUS LA RESTAURATION

LA CHRONIQUE SCANDALEUSE

Après la bataille de Waterloo, Louis XVIII, rentré en France avec la dynastie des Bourbons, à la queue de laquelle arriva celle des d'Orléans, dans les fourgons des Cosaques, fit son entrée à Paris le 5 juillet 1815. La Restauration était faite. Par le traité de paix imposé par la sainte alliance, et que le roi s'empressa de signer, à la France envahie et rendue responsable de l'insatiable ambition de son empereur, notre patrie perdit 500,000 habitants, 53 places fortes, 31 vaisseaux de guerre, 13 frégates, 1,200 canons, des colonies importantes, et eut à payer trois milliards à l'étranger pour frais d'occupation, indemnité de guerre. Peu de temps après, la royauté et la Chambre introuvable arrachèrent encore à notre pauvre France un milliard pour les émigrés qui, presque tous, avaient porté les armes contre la patrie ou conspiré contre elle.

La Haute-Loire, placée au centre de la France et entourée de montagnes, n'avait pas connu les horreurs de la guerre, qui avait dévasté et ensanglanté une partie de l'empire ; mais elle eut à subir les hontes de l'invasion. Pendant que les débris des armées françaises étaient refoulés et internés au-delà de la Loire, les étrangers avaient reçu mission de garder, l'arme au bras, la rive opposée, pour empêcher tout retour offensif.

Les autrichiens vinrent camper sur la rive droite de l'Allier, dans toutes les localités qui avoisinaient la rivière.

Lamothe et Auzon eurent leur garnison. Dans la crainte de conflits avec la population ou pour garder les limites tracées par les conventions, la garde nationale de Brioude avait un poste dans la vigerie Denier, près la brasserie actuelle, sur les bords de l'Allier, que l'on passait encore sur un bac. De Brioude on allait parfois voir les autrichiens à Lamothe, et comme il y avait dans le pays pas mal de soldats des armées impériales, il en résultait souvent des rixes qui ne tournaient guère à l'avantage des habitants, car l'autorité était toujours du côté des autrichiens. Ainsi, par exemple, un nommé Jarlier, s'étant battu avec des *alliés* en criant *Vive l'empereu!* fut pour ce fait mis en prison à Brioude, et faillit être envoyé au Puy pour être fusillé sous l'accusation d'avoir acheté de la poudre à quelque trainard ennemi.

Dans l'arrondissement, la réaction qui suivit le second retour des Bourbons fut vive mais non pas sanglante, comme dans tant d'autres pays où des excès atroces signalèrent le triomphe de ceux qui étaient revenus en France à la suite des envahisseurs.

Quelques personnes, signalées pour leur bonapartisme, entr'autres MM. Croze père, Salveton, Cheminard, Bonne-Chevand, furent exilées..... dans leurs campagnes ou dans quelques localités du département.

Le duc d'Osmon, aide-de-camp du duc d'Angoulême, passa à cette époque à Brioude suivi d'une brillante escorte, et fut reçu avec les honneurs dûs à son rang. Le général Rey traversa ensuite notre ville à la tête de troupes assez nombreuses. Des distributions de *fleurs de lys,* la médaille de l'époque, signalèrent ces passages, qui amusaient fort les enfants, à cause de la musique et des tambours, mais étaient devenues une charge intolérable pour le reste de la population, dont, pendant plus d'un an les maisons furent encombrées de militaires logés, chauffés et presque nourris aux frais des habitants.

Pendant assez longtemps, des soldats, échappés aux dernières batailles et licenciés, ceux qu'on appepelait les *brigands de la Loire,* furent tenus pour suspects et menacés, quand ils quittaient leurs lieux d'internement, d'être traités en déserteurs. Ils n'en couraient pas moins la campagne par bandes, soit pour chercher un asile où ils pourraient se créer des ressources soit pour rentrer dans leur pays. Un jour, à la campagne, nous vîmes arriver une vingtaine de sous-officiers de cavalerie, à cheval et armés, qui voulaient aller retrouver la maison natale, rentrer dans leur famille. Ils nous prièrent fort poliment de donner à manger à leurs chevaux. Mon grand-père s'empressa de faire servir aux hommes ce qu'il avait à leur offrir, du vin, du pain, des fruits, et donner aux chevaux du foin et de l'avoine. Après s'être reposée quelques instants et nous avoir vivement remerciés, la petite troupe partit en nous faisant le salut mili-

taire, et mon grand-père l'engagea à passer par Ci-
veyrac pour ne pas traverser Brioude où son passage
serait remarqué. La précaution était bonne..... pour
tous.

Nous étions, nous, fort tranquilles, lorsque nous
voyons arriver, tout effaré, un de nos amis qui nous
demande si nous ne sommes pas morts ou pillés, et
nous annonce que la garde nationale est en marche
sur le Bouchet. Peu après, en effet, l'avant-garde
arriva. Le corps d'armée, musique en tête, et les
canons, mêche allumée, avaient fait halte à la côte
rouge. Le bruit avait couru à Brioude qu'une bande
de brigands avait attaqué notre campagne et tout
dévasté. Aussitôt, les habitants s'étaient portés en
masse à notre secours. Heureusement, il n'y eut pas
d'ennemis à combattre ni de pertes à déplorer. L'avant-
garde trouva même à se désaltérer avec le vin de
notre provision que les cavaliers n'avaient pas tout
bu. Ceux-ci traversèrent du reste Lempdes et Issoire
sans être inquiétés, prenant le soin de passer au galop
dans les rues, le pistolet au poing et le sabre dégainé.

J'étais bien jeune quand ces bataillons passaient
à Brioude sans décesser, et cependant j'ai gardé de
ces temps de bruits, de musique, d'armes, un souvenir ineffaçable.

> Souvenirs du jeune âge
> Sont gravés dans le cœur.

Avec la Restauration de la Monarchie du droit
divin, avaient refleuri tous les privilèges honorifiques,
tous les titres, tous les ordres civils, monarchiques
et militaires de l'ancien régime ; la noblesse ancienne
reprenait son rang, la noblesse nouvelle, même celle

de l'empire, était reconnue. Par suite, une épidémie se déclara dans la bourgeoisie, celle de la *particule,* qui est revenue de nos jours à la mode. Tout le monde voulut être noble. Il y eut toutefois beaucoup d'appelés et peu d'élus.

A cette époque aussi, il y eut dans le monde de l'aristocratie une période de dévergondage inouï. Sous le Directoire, nous l'avons dit, une grande démoralisation avait envahi les classes élevées de la société qui, devenues depuis le 9 thermidor les classes *dirigeantes,* se croyaient tout permis.

Dans les premières années de la Restauration, s'épanouit une jeunesse éclose sous le souffle empoisonné de cette réaction histhérique en politique comme en tout, qui n'attendait que son roy pour revenir à l'ancien régime, avec tous ses privilèges, toutes ses jouissances, toutes ses orgies, y compris celles de la Régence et du Parc-aux-Cerfs. Pendant qu'elle grandissait, la conscription emportait pour les faire dévorer ou mutiler par le minotaure de la guerre impériale, tout ce qu'il y avait de jeune, de beau, de vigoureux, dans les villes comme dans les campagnes. Il ne restait pour consoler le sexe sensible que les boîteux, les borgnes, les bossus. La désolation était générale. Aussi, lorsque la paix, en ramenant les Bourbons si longtemps attendus par les royalistes mâles et femelles, fit rentrer ou laissa dans leurs foyers une pépinière de maris, d'amants, qui avaient à réparer le temps perdu ou à bien profiter du présent, toute cette jeunesse passionnée, si longtemps mise à la ration congrue, n'eut qu'une pensée, qu'un but, faire l'amour et mener joyeuse vie, en chantant :

Vive Henri quatre,
Vive ce roi vaillant.
Ce diable à quatre
A le triple talent
De boire et battre,
Et d'être un vert galant.

Dans leurs transports de royalisme et de lubricité, de grandes dames à Paris se prostituèrent aux chefs de leurs *amis* les *ennemis*.

Dans les départements, s'il n'y eut pas d'excès de ce genre, la chronique scandaleuse put s'exercer pendant assez longtemps aux dépens d'un monde qui par l'éducation, la position, la fortune, les opinions, occupait alors la première place partout.

Brioude n'échappa pas à cette contagion, qui n'atteignit, il faut le dire, qu'un petit nombre de personnes. De jeunes officiers en garnison à Brioude, passant en conquérants, emportèrent de doux souvenirs. De ce nombre furent le commandant de Bressole et le brave colonel Leydet, qui, plus tard général, a, avec moi, été représentant à l'assemblée législative, expulsé du Palais-Bourbon au 2 décembre, proscrit ensuite. Mais ceux-ci étaient de bons français et n'ont pas laissé du moins de la graine de prussien ou de cosaque dans notre Haute-Loire.

C'était en petit comité, en famille, on peut le dire, que dans un cercle restreint se concentrait le scandale, qui s'ébruitait par des témoins indiscrets ou des cancans de cuisinières écoutant aux portes. Des cousins et des cousines cousinaient d'une manière très intime ; des nièces avaient pris leurs oncles pour leurs époux. Les meilleurs amis s'enlevaient sans scrupule leurs complaisantes moitiés. Certain homme de robe dont le père avait une telle dépravation de goût qu'il est impossible de dire tout cru ce qu'il aimait à manger fumant, couchait avec une de ses sœurs, espèce de messaline bourgeoise, qui, pour satisfaire ses fureurs utérines, fut se mettre pensionnaire dans une maison publique de Paris. Une dame embourgeoisée vendit dix mille francs sa fille à un beau du Directoire, qui trouva le moyen de ne pas même payer la somme convenue. Des divorces dont les causes excitèrent la malignité publique, et des séparations volontaires, quand le divorce fut aboli, rendirent la liberté à des époux mal assortis. Cela permit aux maris-garçons de prendre pour maîtresses leurs servantes, et d'en avoir des enfants qu'ils mirent aux enfants trouvés ou firent leurs héritiers, quand leurs femmes furent mortes. L'une de ces filles de l'amour domestique, dont la mère avait été une gardeuse de dindons, devint, dans son âge mûr, la favorite d'Eugénie, dont on connaît les aventures galantes quand l'impératrice n'était que la Montijo. Une autre a dû à ses écus d'entrer dans une famille de marquis, et de comtes, d'où est sorti, au contraire, une héritière qui a enlevé son bouvier, qu'elle a épousé, n'ayant plus rien à lui refuser.

Des épouses abandonnées, les unes se sont desséchées, solitaires, les autres se donnèrent vite des consolateurs. Deux demoiselles de bonne famille éprouvèrent, en faisant de faux pas dans leur société, des accidents que ne réparèrent pas leurs auteurs, dont l'un, marié du reste, ressemblait assez, au moral et au physique, à un sacristain ; dont l'autre, brillant

militaire, fit un mariage d'argent, laissant sur les bras
de la maman une fille qui, chassant de race, se fit
enlever, avec la caisse qu'elle avait à garder, par un
autre mais moins brillant militaire, et mourut folle
dans une maison de santé. Une troisième, qui avait
depuis longtemps coiffé sainte Catherine et était loin
d'être faite au tour, cachait mal ses liaisons d'au-
tomne avec un ci-devant muscadin. Il y avait parfois
de folles soirées où des couples, après avoir bu force
champagne, éteignaient les lumières et s'accouplaient
au hasard. Voilà ce que disait au moins la rumeur
publique et ce qui a été raconté de notre temps par
des témoins de l'époque.

Dans les châteaux, l'on menait aussi la vie amou-
reuse à grandes guides. Une beauté de l'empire, à
laquelle, disait-on dans son entourage, avec admiration, le sultan Napoléon Ier avait jeté le mouchoir,
charmait son veuvage avec un de ses gens qu'elle
avait, à en croire le bruit public, épousé en secret.
Une autre grande dame, aimable, quoique bas-bleu,
mais trop laide, n'avait garde de laisser échapper les
bonnes fortunes qui s'offraient à elle. C'est son mari
qui, la suprenant certain jour en conversation crimi-
nelle avec un jeune voisin de campagne, dit au séduc-
teur : « Ah! monsieur, et dire que vous n'y êtes pas
obligé. »

Une de ses amies, aussi capricieuse que spirituelle,
d'imagination et de tempérament ardents, avait de
son vivant ridiculisé et coiffé de toutes manières son
mari qu'elle ne supportait pas. Pour lui montrer les
cornes après la mort, elle n'avait trouvé rien de
mieux que de forcer, par testament, son mari et ses

enfants légitimes, à payer une rente viagère à son dernier amant, qui l'a mangée en famille, avec une veuve dont les nombreux enfants ne ressemblaient guère à leur père.

Ailleurs, une autre chatelaine recevait au lit, sans trop de mystère, les soins assidus d'un jeune docteur, pendant que l'époux battait la campagne pour faire de la vaccine en amateur.

C'était dans les rangs du grand parti de l'ordre, de la religion, de la famille d'alors, que tout cela se passait. Et tout ce monde appelait jacobins, robespierristes, forçats libérés (pour libéraux), impies, ennemis de la société, ceux qui ne partageaient pas plus leurs plaisirs débraillés que leurs opinions collet-monté ou leur religion de parade.

Parfois, au lendemain de la rentrée des Bourbons surtout, les dénonciations, les vexations, les poursuites contre des ennemis particuliers ou publics, couronnaient la fin de quelque conciliabule nocturne où la galanterie et la politique se mêlaient.

Le type des corrompus de cette époque est bien l'homme qui après avoir abusé de sa sœur, dénoncé son beau-frère comme bonapartiste, plaida contre tous ses fournisseurs, fut forcé par jugement du tribunal de payer une pension alimentaire à son père, compromit toutes les jeunes femmes ou jeunes filles que recevait sa femme dans le domicile commun, et s'étant remarié, plus que septuagénaire, à une jeune femme qui lui a donné deux enfants qui lui ressemblent, mais pas au moral, est mort à Paris d'une indigestion, en sortant d'un mauvais lieu. — Pour mieux dire, cet homme est une exception, une monstruosité même dans le mal.

Dans un autre genre, il se passait des choses étranges. A un grand dîner où se trouvait l'élite de cette société, une très belle tabatière en or émaillé, que son heureux propriétaire avait fait circuler pour la faire admirer des curieux, disparut sans qu'il fût possible de la retrouver. Cela fit un grand scandale, l'escamoteur n'ayant jamais été retrouvé, pas plus que la tabatière.

CHAPITRE VII

HOMMES ET CHOSES

La période échevelée dont je viens de raconter la chronique scandaleuse, ne fut pas longue. La grande majorité des classes riches la traversa sans en connaître les vices ni les séductions, en conservant la réputation d'honnêteté, de moralité, de réserve, qui étaient le fond du caractère de la vieille bourgeoisie brivadoise; le peuple ne s'en aperçut pas. Il profitait des loisirs de la paix pour combler, par de nombreux mariages, les vides faits dans la population mise pendant tant d'années en coupe réglée par l'empereur-bataille. Il voyait bien encore passer de nombreux corps de troupes, qui portaient la cocarde blanche au lieu de la cocarde tricolore; mais de cela il s'inquiétait peu, n'étant pas encore entré dans la politique. Bien plus, comme l'armée nouvelle ne prenait plus aux mères leurs enfants, aux jeunes filles leurs fiancés, et rendaient souvent aux vieux pères leurs enfants sans une jambe de bois ou avec une croix d'honneur, les paysans et les ouvriers regrettaient peu alors ce Napoléon que les chansons de Béranger devaient rendre plus tard si populaire. Ils allaient admirer à la messe expiatoire du 21 janvier le catafalque gardé par MM. de Pons, Rochette, médecin, le chevalier de Labro, en costume de gardes d'honneur ; danser autour des feux de joie allumés en l'honneur du roi, le jour de la St-Louis. Au reste, quand l'effervescence des passions en tous genres étant tombée, l'ordre, l'harmonie qui n'ont plus cessé d'y exister, régnèrent dans les ménages, Brioude, malgré la politique, fut plus gai, plus animé, plus brillant qu'il ne l'a jamais été, je pense.

A la place de ces comtes-chanoines, qui avaient des maîtresses à coup sûr, mais pas de famille, et malgré leurs mœurs mondaines tenaient la ville sous un joug monacal, toutes les anciennes familles, dont on sait les noms, à l'exception de deux ou trois, les Dupuy, les Vauzelle, et les nouvelles qui étaient venues s'y fixer, vivaient à leur gré au milieu d'une population aisée, libre, joyeuse ; ils n'avaient plus à craindre que leurs seigneurs temporels et spirituels, vinssent troubler leurs plaisirs , leur disputer leurs droits, les empêcher de s'occuper de leurs affaires ou de celles de la cité, et il y avait un essaim de jeunes et jolies femmes, parmi lesquelles étaient alors surtout citées Mmes Borne, Annette Dalbine, Virginie Dulac, qui épousa un frère de Georges Cadoudal.

La politique seule avait divisé la ville en deux camps, l'un qui se groupait autour de M. Bonne-Chevand, l'ami de Lafayette, l'autre dont le centre était à la sous-préfecture alors occupée par M. Borne.

Ces deux sociétés, que les faiseurs de calembours royalistes appelèrent la société *bonne* et la *bonne* société, avaient leurs réunions, leurs assemblées particulières. En certaines occasions, cependant, les jours gras, à la fête patronale de St-Julien, elles se rencontraient sur un terrain neutre, à l'hôtel-de-ville, pour un bal par souscription. Une seule fois, à la naissance du duc de Bordeaux, la société Bonne se laissa entraîner à aller danser avec la société Borne, à la sous-préfecture où toute la ville avait été invitée.

Chaque semaine, indépendamment des *extra,* il y avait plusieurs *assemblées* dans les maisons St-Ferréol, Vairon, Lespinasse, Dalbine. Ces assemblées, dont Picard, dans la comédie de la *petite ville,* a fait un tableau très gai, étaient des réunions où l'on allait à huit heures du soir, avec des sabots à colville ou des galoches que l'on quittait en entrant. — Les chaises à porteur étaient déjà reléguées dans les galetas, — et d'où l'on se retirait à dix heures, accompagnés par des fallots que l'on voyait alors courir comme des feux follets dans les rues sombres et tortueuses de la ville. Les grands parents y faisaient leur boston ou leur reversi ; la jeunesse jouait au vingt-un, au nain jaune, ou faisait des jeux innocents, la mer agitée, les ombres chinoises, colin-maillard, etc. Les charrades en actions ne vinrent que plus tard. Quand un musicien ayant plus de bonne volonté que de talent, comme MM. de Villaret ou de Vèze se trouvait là avec son violon, on terminait la soirée par une contredanse et même une bourrée d'Auvergne. Les pianos, bien entendu, étaient alors une curiosité ; il n'y en avait guère que dans le salon de Mme Borel Vernière, dont une des filles avait une grande célébrité dans Brioude comme pianiste, et faisait danser, accompagnée par son beau-frère, M. Berthier, qui jouait fort bien du violon. Hélas ! plus tard nous en avons été inondés, de pianos. Il y avait aussi quelques dîners mensuels, à la loge où l'on faisait de la politique le verre à la main, et chez la mère Aussandon où, au dessert chaque convive devait, soit lire des vers de sa façon, soit chanter une chanson. Parmi les membres de cette dernière réunion, qui s'appelait le Caveau de Brioude, les plus assidus étaient MM. de Pons père, Héraud père, médecin, St-Ferréol, substitut, et Talayrat, dont la loge fit son vénérable après 1830, alors que la gastronomie y eut absorbé la politique.

Le commerce, n'ayant pas à redouter la concurrence des grandes villes et étant concentré en un petit nombre de maisons, prospérait, grâce à la bonne clientèle qu'il trouvait dans la bourgeoisie et les châteaux d'alentour.

L'industrie continuait de ne pas s'y acclimater. Les anciens foulons cessèrent de battre ; il n'y eut que les tanneries, situées sur les bords de l'Allier et les moulins à blé, leurs voisins, qui résistèrent au mauvais sort jeté sur nos établissements industriels. Les paysans, artisans et ouvriers de la ville, entre lesquels il n'y avait pas les différences de costume, d'éducation, de langage, que l'on vit plus tard, gagnaient moins qu'aujourd'hui quoiqu'ils travaillassent davantage, et dans le vêtement, le logement, la nourriture, ils n'avaient pas apporté encore ces améliorations qu'ils ont pu se donner lorsque le travail a été mieux rétribué, leur instruction plus développée. Mais ils ne craignaient plus de voir l'atelier désert, les champs en friche, la maison vide, à l'appel du tambour qui annonçait la levée des plus jeunes et des plus forts ; ils croyaient n'avoir qu'un ennemi, le *rat de cave,* que sous tous les régimes ils voient prendre la fleur du panier des vendanges. Aussi les jeunes garçons, les jeunes filles accompagnées des mamans, se réunissaient l'hiver, dans les *veillées,* où l'on allait filer le chanvre, casser les noix, sauter la bourrée, chanter des chansons patoises et préparer les mariages pour le carnaval. Dans la belle saison, toute cette jeunesse se répandait dans les villages voisins les jours de fêtes patronales, pour manger du fromage blanc et danser sur l'herbe au son de la musette.

Dans les campagnes, sans routes, sans écoles, les travailleurs étaient ignorants, grossiers, buvaient de l'eau, se nourrissaient de légumes et de pain bis, habitaient d'affreux taudis, Mais toutefois, eux aussi, délivrés des *aides,* des *dîmes,* des corvées, des gabelles et autres servitudes féodales, voyaient avec un âpre plaisir les bandes noires dépécer les grandes propriétés, les corps de domaines, car à force de suer, de se priver, d'économiser, ils parvenaient à en acquérir quelques lambeaux, commençant le lent et persévérant travail d'appropriation de cette terre, que l'avenir réserve à ceux qui la cultivent. En marchant au but où tendaient leurs désirs, ils oubliaient les misères du présent.

Dans ces temps là, les fonctionnaires, les magistrats étaient presque tous du pays et mouraient à leur poste. Ils étaient peu tracassiers, peu exigeants et excepté en matière religieuse, alors que la loi du sacrilège, l'obligation de chomer les dimanches et jours de fête, les missions de jésuites ou pères de la foi en eurent fait une question d'état, ils se montraient assez tolérants. Même en politique, les premiers jours de grande réaction passés, ils faisaient plus d'habileté que de violence.

Ces magistrats et fonctionnaires, sous la Restauration, ont été : MM. sous-préfet, Borne ; tribunal, président, Dalbine ; juges, Pascon, Fournier-Montjieux ; procureur du roi, Lagrange ; substitut, St-Ferréol fils ; puis, président, Pascon ; juges, St-Ferréol, Espanion ; procureur du roi, de Molly ; substitut, Fortet ; maires, de Talayrat, et Marret, médecin ; juges de paix, de La Bastide, Déjax, Mallye.

M. Lagrange était fort en droit ancien, mais ne prenait guère la parole que dans les affaires qui, par leur complication ou leur âge respectable, lui permettaient de citer ses vieux auteurs et de montrer son érudition. Il laissait volontiers à son substitut toute la charge du parquet. Il avait conservé de son jeune temps un costume, une tournure et une figure couperosée, qui lui donnaient bien l'air de ce qu'il avait été, d'un bailli renfrogné et fort laid, pas trop méchant au fond. Il a été le dernier bailli du Chapitre, et le dernier chef du parquet, à Brioude, pris parmi les habitants de la ville.

Lorsque M. Borne, sous-préfet, et M. de Talayrat, maire, administraient Brioude, peu de grandes villes, à coup sûr, étaient aussi bien représentées par leurs premiers fonctionnaires.

Ardent royaliste dans sa jeunesse, M. Borne s'était fait remarquer aux *Cinq cents,* dont il était membre, par ses opinions contre-révolutionnaires, sa parole facile et colorée. Fructidorisé avec ses amis, Camille Jordan, Royer-Colard, etc., il dut quitter la France où il rentra par une amnistie, et du Puy, où il avait été interné, vint, à la fin de l'empire, occuper une recette des finances à Brioude. La Restauration l'y trouva et en fit un sous-préfet, donnant la recette du père au fils.

Fatigué peut-être des grandes luttes politiques où il avait failli perdre la patrie, ou bien sans ambition, il s'enterra dans cette sous-préfecture de petite ville où il s'était remarié, alors que ses amis Siméon, Portalis, Camille Jordan, Royer-Colard, etc., occupaient dans les assemblées, dans l'Etat, des positions importantes et avaient un grand rôle à jouer sur la scène politique.

Homme du monde, orateur brillant, causeur aimable, lisant peu et n'étudiant pas, M. Borne, dans ses fonctions, dépensa toutes les facultés dont il était doué, l'imagination, la connaissance des hommes, l'habileté à faire triompher les candidatures des royalistes dont les ministres voulaient faire des députés. Il réussit souvent, autant, il est vrai, par les moyens dont le pouvoir royal ou impérial use avec succès en pareille matière, que par son influence ou son action personnelle.

Mûri par l'âge, il resta ferme et inébranlable, tant qu'il vécut, dans sa foi monarchique, mais sans tomber dans les exagérations de langage et de zèle par lesquelles cherchent à se distinguer les nouveaux convertis. Quand la Révolution de Juillet, éclatant comme un coup de tonnerre, broya, sous les pavés de Paris, trois trônes en trois jours, M. Borne dut rentrer et rentra dans la vie privée, et y conserva jusqu'à sa mort, au milieu des plus cruelles souffrances, la gaîté, l'affabilité, l'entrain, le *brio,* qui rendaient sa conversation si attrayante, et les relations qu'on avait avec lui si agréables.

Avec son organe sonore, sa pose un peu théâtrale, quoique sans affectation, ses improvisations rapides et entraînantes, M. de Talayrat, dans des réunions ordinaires, produisait plus d'effet que M. Borne. Pour faire une proclamation aux habitants, un discours à la distribution des prix, un toast dans un banquet, des remerciements aux musiciens qui venaient lui donner des sérénades, le compliment d'usage aux époux qu'il unissait, nul mieux que lui ne trouvait des paroles plus appropriées au sujet et qui soulevaient de plus chaleureux applaudissements; mais sans convictions, sans principes, ne croyant à rien, n'ayant rien approfondi, il n'aurait pu, dans les assemblées parlementaires, aborder la tribune.

Sa causerie, toujours spirituelle et intéressante, avait plus d'éclat que de profondeur. Ayant une excellente mémoire, une bibliothèque bien meublée, une instruction variée, se tenant au courant de toutes les nouveautés, M. de Talayrat parlait et écrivait un peu sur tout (littérature, philosophie, archéologie, sciences, beaux-arts), sans beaucoup de critique, mais de manière à faire croire qu'il connaissait à fond les choses qu'il avait simplement effleurées.

A vrai dire, il était pour tous d'une politesse si expansive, faisait si bien et avec tant d'empressement les honneurs de sa ville et de sa table, aux étrangers de distinction passant à Brioude, comme à ses concitoyens, qui trouvaient chez lui d'excellents vins et une bonne cuisine, qu'on était tout disposé à lui passer ses hérésies en tous genres, hérésies que, du reste, il laissait chacun libre de discuter, de combattre.

En politique aussi, il avait ses opinions à lui, qu'il n'imposait à personne, pas plus à ses administrés qu'aux autres ; seulement, il en changeait comme de pantalons (à sa mort, on en a trouvé chez lui, en bazin, blancs ou nanquin, 42...) De 1789 à 1848, il avait passé, en effet, par toutes les nuances de l'arc-en-ciel, afin d'être toujours à la mode, disait-il, et il figurait dans le dictionnaire des girouettes, ce dont il tirait quelque vanité.

Du Directoire, époque où il était dans toute la vigueur de la jeunesse, il avait pourtant toujours conservé les mœurs, les allures, presque le costume. Il était aussi resté fidèle au culte du classique pur.

A ses heures, poète aimable, comme l'a appelé Abel Hugo, dans *l'Auvergne pittoresque,* de l'école de Bernis, de Bertin, de Parny, il faisait un bouquet à Chloris, chantait *Lili et ses amours* du jour, ou célébrait, en vers et en prose, le vin, les belles et la gloire.

Ayant eu une affaire désagréable avec le commandant Desgardes, il se retira de l'administration où il devait rentrer sous le règne de Louis-Philippe. Il fut remplacé par M. Marret.

M. Marret, médecin de mérite, était un royaliste bon teint, qui faisait de la politique royaliste partout, surtout au lit de ses malades. La Révolution de Juillet lui donna pour successeur M. Salveton et le jeta dans l'opposition de droite dont il devint le chef à Brioude.

Au tribunal, la présidence fut, jusqu'en 1848, occupée par M. Pascon, proche parent, mais pas cousin, des Grenier, notaires.

Ce magistrat, d'opinions politiques peu accentuées,

clérical avant tout, affectait la tenue, le langage, la gravité d'un conseiller à mortier de l'ancien régime. Pour une question de mur mitoyen, de déplacement de borne, comme pour l'affaire la plus compliquée, il rendait avec une facilité extrême, séance tenante, des jugements motivés, comme des arrêts de cour de cassation, par des considérants aussi développés que bien exposés et résumant parfaitement les plaidoiries.

Mais toute médaille a un revers; — il ne fallait pas trop gratter le magistrat pour trouver l'homme dont la franchise, le rigorisme, l'impartialité, n'étaient pas les qualités maîtresses, — et comme il laissait les avocats parler aussi souvent et aussi longtemps qu'ils voulaient, les avoués enfler leurs dossiers jusqu'aux bords, le tribunal de Brioude, sous sa présidence, était un de ceux où les procès prenaient de la barbe, mais où les plaideurs étaient rasés de frais.

C'était le bon temps des hommes d'affaires.

Les deux avocats qui occupaient le premier rang au palais, MM. Rochette et Paul Maigne, faisaient rendre aux clients tout ce qu'ils pouvaient rendre, et gagnaient chacun huit à dix mille francs par an.

L'un d'eux, Rochette, assez fort en droit, était, au barreau comme partout, d'un décousu, d'une intempérance de paroles et de manières qui, ailleurs sans doute, n'auraient pas été tolérées. Ce qu'il ne manquait jamais de faire, c'était d'insulter la partie adverse et de se moquer de ses clients.

Paul Maigne, travailleur instruit et ayant le talent de bien faire la phrase, l'élocution facile, avait tout ce qu'il fallait pour faire un avocat distingué, et pendant longtemps il fut à la hauteur de bien des avocats qui brillaient sur un plus grand théâtre. Mais comme il tenait plus à acquérir de la fortune que de la réputation, il finit par devenir long, diffus, criard, croyant qu'il valait mieux frapper fort que juste, et étourdir les juges que de les convaincre.

Baptiste Grenier, inférieur par la connaissance du droit et la pratique des affaires à Paul Maigne, dont il était le beau-frère, a été l'avocat le plus brillant du barreau de Brioude. Par son genre de talent, sa diction élégante, sa manière de plaider simple, sans trivialité, sans emphase, il était de l'école des avocats de Paris.

Juges de paix, Labastide, Déjax, Mallye ; conseillers généraux, De Talayrat, Pascon ; conseillers d'arrondissement, J.-B. Julien Saint-Ferréol, Couguet père ;

Avocats, Salveton, Grenier Baptiste, Paul Maigne, Rochette, Chomette, Fouillet, Belmont, Eugène Couguet, Huguet, Bagès Gustave.

Sous l'administration de M. de Talayrat eut lieu en 1819 l'ouverture de l'école mutuelle, qui eut successivement pour directeurs MM. Beyssat, Perrein, puis Porte, et fut installée dans l'ancien hôpital de Saint-Robert, au Postel. La rétribution scolaire produisait alors 615 francs. Ce fut aussi ce maire qui fit reconstruire la plus grande partie de notre hôtel-de-ville. Les murailles et bâtiments qui entouraient l'ancien couvent, au midi et à l'est furent démolis. A la place de l'ancienne cour, on commença la terrasse qui domine la plaine et on combla les fossés qui se trouvaient au pied des anciens remparts. M. Marret fit mettre la dernière main au bâtiment, que mon grand-père avait commencé de restaurer.

L'opposition libérale se maintint à Brioude pendant quinze ans, assez compacte, assez forte, malgré beaucoup d'inconséquences et de faiblesses. Une vente de carbonari avait même été organisée; seulement les hommes qui la composaient, MM. Bonne-Chevand, Salveton, Grenier-Dussuc, Grenier-Granchier, n'avaient aucune envie de conspirer ni surtout de faire une prise d'armes.

La jeunesse était plus ardente. Elle payait au besoin de sa personne. Frédéric Grenier, étudiant en médecine, Frédéric Salveton, étudiant en droit, Vernière, d'Issoire, étudiant en médecine, et Brunet, de l'école de droit, étaient avec Bazard, Buchéz, Armand Carrel, les Schœffer, ayant à leur tête Manuel, Kœklin, Voyer d'Argenson, le général Lafayette et son fils, dans la conspiration qui devait soulever tout l'est de la France contre les Bourbons. Arrêtés à Belfort la veille du jour où le mouvement allait éclater, nos compatriotes passèrent un jugement devant la cour de Colmar et furent acquittés. Le général Lafayette et son fils Georges, qui arrivaient en voiture sur le théâtre des évènements pour en prendre la direction, furent prévenus à peine assez à temps pour pouvoir échapper aux poursuites.

Dans la même année, eurent lieu les élections générales dans la France. Par la nouvelle loi le double vote était consacré. Il y avait des collèges d'arrondissement dont étaient électeurs ceux-là seuls qui payaient 300 francs d'imposition directe. Pour être du grand collège il fallait payer mille francs. Alors on votait dans les deux collèges. Le gouvernement nommait les présidents des collèges électoraux, qui ordinairement étaient les candidats officiels.

Dans la Haute-Loire, un des collèges d'arrondissement comprenait l'arrondissement de Brioude et une
partie de celui du Puy. M. de Serres, ministre,
ayant reçu de quelques personnes de Brioude l'assurance que M. Grenier, premier président à la cour
de Riom, serait nommé dans sa ville natale, fit décider que l'élection serait faite à Brioude et que M.
Grenier présiderait le collège.

M. Georges Lafayette était le candidat de l'opposition; M. Chabalier, du Puy, celui d'une fraction de
la droite.

Au premier tour de scrutin, M. Grenier n'eût que
cinquante voix : quelques-uns de ses plus proches
parents et des personnes sur lesquelles il pouvait le
plus compter ne votèrent pas pour lui. M. Georges
Lafayette aurait obtenu la majorité, s'il s'était donné
sa voix, ce qu'il ne crut pas devoir faire par un
scrupule exagéré. La nuit, M. Grenier s'étant désisté,
la matière électorale fut habilement travaillée par le
sous-préfet Borne, et M. Chabalier fut élu.

Depuis, l'élection se fit toujours au Puy, où se tint
le collège de département qui nomma alors M. Cha-
bron de Solillac, l'influence du chef-lieu étant restée
prépondérante, et envoya dans d'autres élections,
pour député de la circonscription, M. Calemard de
Lafayette. M. Georges Lafayette, à la famille duquel
n'appartiennent ni de près ni de loin les Calemard,
avait pris des engagements avec le département de
Seine-et-Marne qui le nomma toujours. Il n'accepta
plus la candidature dans la Haute-Loire.

L'opposition, appelée opposition libérale, profitait
avec habileté et persévérance de toutes les occasions

qui s'offraient à elle, pour échauffer l'esprit public, faire de la propagande, battre en brèche la Restauration. Les banquets étaient un des grands moyens politiques. Des aubades, des ovations, accueillaient tous les hommes connus du parti libéral, car alors l'opinion publique était devenue assez forte pour qu'on ne poursuivît pas des manifestations de ce genre comme on le fit sous Louis-Philippe.

Le nom de Lafayette était le drapeau de l'arrondissement de Brioude. Et lorsque M. Georges Lafayette, pendant son séjour à Chavaniac, venait à Brioude, les libéraux d'alors, qui depuis se jetèrent presque tous dans le juste milieu et lui tournèrent le dos, s'empressaient de le fêter.

La foule s'en mêlait parfois. Un soir, par exemple, les musiciens libéraux, Bardy, Esbrayat, Gauthier, Roumilhac, Cheminard, libraire, Cheminard, pharmacien, Charles Thomas, les Fraisse, Auguste Héraud, furent donner une sérénade à M. Georges Lafayette, qui soupait chez M. Salveton. Un attroupement nombreux se forma sous les fenêtres, et l'on cria : vive Lafayette !

Prévenu, M. Marret, maire, accourt ceint de son écharpe et accompagné du lieutenant de gendarmerie Dussuc, qui suivait sa brigade. Il somme les citoyens de se retirer, en leur adressant quelques paroles à la suite desquelles il crie : vive le roi ! La foule répond par des huées et les cris de : vive Lafayette !

MM. Chauvy et Grenier Baptiste, qui étaient dans le salon de M. Salveton, invitent les citoyens à désobéir aux ordres illégaux du maire, et donnent l'exemple en criant : vive Lafayette ! Un habitant fut arrêté et relâché bientôt. Il y eut un duel le lendemain entre Chauvy et le lieutenant de gendarmerie. Chauvy, qui sous Louis-Philippe devint préfet en Afrique et réactionnaire, était le grand courtier d'élection et le commis-voyageur du parti. Il était toujours en course, aux frais de Rodde, de Clermont, qui nourrissait de truffes, abreuvait de champagne les coryphées du parti, et resté républicain sous la monarchie des d'Orléans, descendit un jour à Paris dans la rue, pour vendre son journal lui-même, ayant annoncé qu'il brûlerait la cervelle à tout agent de police qui l'en empêcherait.

Les chefs du libéralisme dans notre arrondissement étaient : Chauvy (de Paulhaguet), Baptiste Grenier et Paul Maigne, avocats à Brioude, Doniol (de Barlière), Auguste Lamothe (de Frugères-les-Mines), Grenier aîné, dit *maussade,* son frère Frédéric Grenier, Léon Beck, Marret-Salveton, les Bonne-Chevand, Chevand, (de Flaghac). Le centre était au bureau de l'*Ami de la Charte,* rédigé à Clermont par Veissier, qui faisait le journal avec beaucoup de verve, de talent, et publiait des chansons républicaines qui rappelaient un peu celles de Béranger. En ce temps-là déjà il était ventru comme tout le monde le connut sous le règne de la branche cadette, et n'avait ni convictions ni principes.

Tous les griefs contre le gouvernement et ses agents étaient recueillis avec soin, et devenaient autant d'armes d'opposition. L'acte d'indépendance ou de résistance le plus simple était exalté comme un fait héroïque. Une querelle de Joly, cafetier, avec un commissaire de police nommé Gély, fut alors transformée en une affaire d'Etat. MM. Salveton, Denier, Bonne-Chevand, etc., déclarèrent que Joly avait bien mérité de la patrie et que le parti libéral irait prendre, tous les après-dîners, son café chez lui.

On faisait vigoureusement en paroles la guerre aux jésuites, à la congrégation. L'école mutuelle, nouvellement fondée, était vivement pronée, soutenue, encouragée. Diminution d'impôts, destruction des barrières d'octrois, suppression des droits réunis, voilà surtout ce que dans l'Auvergne, et en particulier à Brioude, demandait le libéralisme, qui proclamait alors qu'un gouvernement ami du peuple devait supprimer tous ces impôts comme étant les plus lourds, les plus immoraux, les plus injustes, les plus funestes aux classes laborieuses. L'expulsion des ignorantins et des jésuites, l'abolition des titres de noblesse, la révision des traités de 1815, figuraient ensuite en première ligne dans le programme de ceux qui, pour renverser les Bourbons de la branche aînée, promettaient au peuple des réformes qu'ils se gardèrent bien de donner, lorsque les habiles et les chefs du parti arrivèrent au pouvoir, sous la branche cadette.

En 1826, l'hôtel-de-ville étant complètement terminé, le tribunal, à qui la ville céda une partie du bâtiment, vint s'y établir. L'église du couvent de Saint-Joseph, qui avait été transformée en salle de théâtre, et dont la voûte ovoïde était très belle, fut peu de temps après démolie, remplacée par un bâtiment où on logea pêle-mêle le parquet, le poids-de-ville, les dépôts de chanvre et de laine. MM. Pascon, Marret et Long, par l'influence qu'ils exerçaient au conseil municipal et à la marguillerie, furent surtout les promoteurs de cette mesure prise pour arracher un édifice religieux à une destination aussi profane que celle qu'on lui avait donnée. Ce fut aussi M. Pascon qui contribua plus que personne à faire couvrir les toits de notre église d'une ignoble toiture de grange, qui jusqu'en 1842 a déshonoré ce beau monument.

Le duc de Polignac, frère du prince qui fut le principal auteur des ordonnances de Juillet 1830, était venu présider le collège électoral du Puy, où le parti royaliste le portait comme député. Voulant se ménager les voix de l'arrondissement de Brioude, il contribua plus que personne à faire reconstruire le pont de Vieille-Brioude, qui s'était écroulé le 2 janvier 1822, à 6 heures du matin, et devait coûter près d'un million.

Les royalistes, qui occupaient la magistrature, l'administration, toutes les fonctions publiques, agissaient en face des libéraux de manière à faire respecter, craindre surtout le gouvernement des Bourbons.

Ils ne réussissaient guère que dans les élections, où le double vote, le cens électoral, le manque de journaux d'opposition, la pression des fonctionnaires et du clergé, plus royalistes alors que le roi, donnaient toutes chances de faire élire députés, conseillers généraux, les candidats du trône et de l'autel. Ces royalistes, bien que divisés en ultras et en constitutionnels, étaient presque certains de faire triompher leurs candidats dans un département comme le nôtre, où le chef-lieu, auquel était mal relié encore l'arrondissement de Brioude, arraché à l'Auvergne avec laquelle il était resté en communauté de sentiments, d'intérêt même, exerçait une influence prépondérante sur les arrêts du scrutin.

7

CHAPITRE VIII

MANIFESTATIONS POLITIQUES

La fête du roi et les nombreuses fêtes carillonnées de l'église étaient les seules qui fussent célébrées solennellement. Il y en eut une cependant qui mit en mouvement tout Brioude, à en juger par le procès-verbal de la cérémonie qui eut lieu dans cette ville le 12 juin 1825, à l'occasion du sacre de Charles X et de l'inauguration du buste du chancelier de l'Hospital. C'est pour cela que nous reproduisons en entier le procès-verbal :

« A la nuit close, la veille, les tambours et les cloches avaient annoncé la solennité du lendemain. dont M. le maire avait fait publier le programme. Dès le grand matin, les tambours et les cloches ont donné le signal aux habitants de pavoiser leurs maisons et de faire les apprêts de la fête.

» Le ciel était serein et sans nuages ; il s'était paré pour répondre à l'allégresse publique. Des drapeaux blancs ornés de feuillages, décorés de fleurs de lys et chargés d'inscriptions, flottaient sur tous les édifices et à toutes les fenêtres des maisons. Tous les habitants étaient déjà en mouvement dans les rues et sur les places, lorsque le son solennel des cloches les a avertis qu'un devoir religieux devait s'accomplir et précéder toutes les réjouissances publiques. A onze heures, les rues et les maisons étaient désertes ; la population entière était au pied des autels ; les autorités civiles et militaires, tout le conseil municipal, les fonctionnaires et les personnes décorées, réunis à l'hôtel-de-ville, ayant à leur tête la musique de la garde nationale, s'étaient rendus en cortège à l'église pour y entendre la messe et assister au *te Deum* qui a été chanté en actions de grâces pour le sacre du roi bien aimé Charles X. Le silence majestueux qui régnait dans le lieu saint, le recueillement profond qu'on y remarquait, et les inspirations tout à la fois de piété et d'allégresse qui se mêlaient aux chants et aux prières, tout semblait dire qu'il n'y avait qu'une pensée dominante, celle d'appeler les bénédictions et les bienfaits du ciel sur la tête sacrée du monarque auguste, qui ne veut régner que par les lois et gouverner que par la charte.

» La musique a donné le signal du départ, en marquant l'instant où venait de s'accomplir le devoir religieux, et celui où pouvaient commencer les acclamations de la joie publique. Aussitôt le cortège des autorités s'est remis en marche. Partout il y avait foule sur son passage : une satisfaction vive semblait tout animer, tout confondre. Les acclamations sans cesse renaissant de *vive Charles X! vivent les Bourbons!* retentissent de toutes parts ; et elles n'ont cessé de se faire entendre que longtemps après que le cortège est rentré à l'hôtel-de-ville. Les pauvres s'y trouvaient déjà réunis pour la distribution de comestibles qui leur étaient réservés. La fête n'eût pas été

digne des Bourbons si les indigents n'y avaient pas
trouvé des secours pour eux et leurs familles.

» Un banquet de 80 couverts attendait et a réuni
dans une des grandes salles de l'hôtel-de-ville les autorités civiles et militaires, le conseil municipal et les
fonctionnaires de tous les rangs. L'ordre, la décence,
l'urbanité et la gaîté ont constamment animé ce repas
de famille. Les toasts au roi et à son auguste famille
ont été successivement portés, au milieu des acclamations les plus vives et des symphonies exécutées
par la musique de la garde nationale.

» Dans ces entrefaites, les salles du tribunal civil,
qu'on avait disposées pour l'inauguration du buste
du chancelier de l'Hospital, étaient ouvertes au public. Des places y avaient été réservées pour le clergé,
pour les dames, le barreau et les fonctionnaires. A
six heures, le cortège des autorités civiles et militaires s'est reformé dans l'hôtel-de-ville et s'est mis
en marche, précédé de la musique, pour se rendre au
tribunal civil. Le concours était immense, la foule
remplissait les avenues, et la nouvelle et belle salle
d'audience était déjà occupée par les personnes invi-
tées. Après que les autorités ont été placées, M. le
sous-préfet (Borne) a ouvert la séance par la lecture
des lettres officielles qui annoncent que, *par décision
du 5 juin 1824, son excellence le ministre de l'intérieur avait ordonné que le buste, en marbre, du chancelier de l'Hospital serait exécuté aux frais de son
ministère et donné à la ville de Brioude pour la décoration du nouveau local affecté au tribunal civil, comme
un témoignage de la bienveillance et de la satisfaction
du gouvernement du roi, pour une ville dont les bons
sentiments lui sont connus.*

» A cette lecture, les transports de joie et d'admiration ont éclaté de toutes parts, et pendant que la musique répondait à ces acclamations, le buste de l'immortel chancelier, qui était déjà placé sur la colonne destinée à le porter et qu'on avait voilé, est apparu à tous les regards avec une couronne sur la tête.

» Les acclamations ont redoublé, et à ces nouveaux transports a succédé un long murmure d'admiration, de respect et de reconnaissance. C'était à qui pourrait contempler de plus près les traits du grand homme, et exprimerait le mieux le bonheur pour la cité, d'en avoir obtenu le buste de la munificence du roi.

» Cette scène toute de sentiment a été suivie des discours prononcés par MM. le sous-préfet (Borne), le maire de la ville (Marret), le président du tribunal civil (Pascon), et le procureur du roi (Lagrange). Ces discours ne pouvaient rien ajouter à l'enthousiasme, ils ne pouvaient faire naître une pensée, une inspiration qui ne fussent déjà dans le cœur et sur les lèvres des assistants. Il y avait de l'écho dans l'assemblée, parce qu'il y avait accord parfait de sentiments et d'opinions pour le roi, pour son auguste famille, pour son gouvernement, pour les bienfaits reçus et pour M. le prince de Polignac, qui a si bien mérité du pays, et du premier magistrat du département (de Bastard), dont toute l'administration est un bienfait non interrompu.

» On a su gré à M. le sous-préfet d'avoir fait faire plusieurs copies de lettres officielles dont il a été donné lecture, pour être déposées dans les archives des établissements publics de la ville et de l'arrondissement, afin de perpétuer dans les âges futurs le souvenir des bienfaits de la Restauration pour le pays de Brioude, de la reconnaissance de ses habitants pour M. le duc de Polignac, pour leur premier magistrat, et de leurs sentiments de respect et de fidélité pour Charles X et son auguste famille.

» C'est avec un égal intérêt qu'on a entendu M. le président du tribunal civil acquitter le même tribut de reconnaissance publique ; et lorsqu'après avoir parcouru la série des hommes illustres qui ont honoré l'ancienne province d'Auvergne, on l'a vu s'arrêter avec une sorte de regret mêlé d'espérance, devant les contemporains qui honorent déjà l'époque actuelle de notre monarchie, un souvenir profond et général s'est porté sur l'auteur des *Traités des donations et des Hypothèques,* auquel la ville de Brioude se glorifie d'avoir donné le jour. Ces discours, celui de M. le procureur du roi et celui de M. le maire, interprète et organe des bons sentiments de ses administrés, ont tous répondu à l'attente de l'auditoire aussi bien qu'aux circonstances. Lorsque M. le sous-préfet a levé la séance, les acclamations ont recommencé, pour annoncer que l'allégresse publique avait encore à se manifester.

» En effet, cette journée à jamais mémorable devait encore se prolonger ; un feu de joie et des danses publiques étaient préparées sur la belle place du Postel, et un bal paré à l'hôtel-de-ville devait terminer la fête. Les illuminations ont singulièrement ajouté aux réjouissances de la soirée. L'enthousiasme s'est également fait remarquer dans toutes les classes, en tous lieux et à toutes les heures, sans que l'ordre et la paix aient été troublés un instant.

» En foi de quoi le présent procès-verbal a été dressé, les jour, mois et an ci-contre, pour être déposé dans les archives des divers établissements publics de la ville et de l'arrondissement.

» Pour copie conforme,

« MARCHET, *secrétaire.* »

(Imprimerie de Doucet)

Ce débordement d'enthousiasme monarchique dans une ville où l'enthousiasme révolutionnaire avait éclaté pour des fêtes d'un autre genre, avec des vivats et des drapeaux différents, mais où l'on trouve la même mise en scène, cortège officiel, discours, musique, illuminations, feux de joie, danses publiques, est une nouvelle preuve que le peuple est ondoyant comme la mer et aime surtout les spectacles, criant vive la République, vive le roi, vive l'empereur, suivant les temps, jusqu'au jour où, éclairé par l'instruction autant que par l'expérience, il n'acclamera plus que sa souveraineté.

Avec Charles X était venu le règne des prêtres, des jésuites rentrés en France sous le nom de pères de la foi, ce qu'on appelait alors la congrégation. Il sortait partout de terre, comme des champignons, des capucinières, des couvents d'hommes et de femmes. Ce fut alors que les communautés de Fontevrault et de Saint-Joseph purent renaître de leurs cendres ; que notre collège fut rendu aux prêtres. Au moment où la congrégation était toute puissante, où les missions amenaient partout quelque scandale, c'était bien le moins que Brioude eût à la tête de son établissement d'instruction secondaire, à défaut de jésuites, des hommes tout dévoués au parti clérical.

Les directeurs furent l'abbé Cohadon, du Puy-de-Dôme, et l'abbé Coupe, fils d'un plâtrier piémontais des plus royalistes, Charles Coupa, de Varallo, val de Césa, qui s'était fait naturaliser français pendant la Révolution. Son frère avait épousé une fille de M. Jacquaz, contrôleur des contributions indirectes, perquisiteur de premier ordre.

Le collège, quoique sous la dépendance de l'université, ressemblait beaucoup à un petit séminaire. C'était un établissement d'instruction mixte où toutes les classes, même la philosophie, se faisaient, et qui, grâce à l'appui du clergé, eut jusqu'à 120 élèves. Il ne devait pas rester longtemps sous ce régime.

A part la restauration de l'hôtel-de-ville, il se fit peu d'embellissements dans la ville. Mon grand-père avait fait planter notre boulevard, d'ormeaux qui, après leur dépérissement, furent remplacés en 1874-75 par des platanes qu'y firent mettre les agents des ponts et chaussées chargés alors de l'entretien de cette promenade devenue route nationale. Ce fut M. Talayrat, qui fit ombrager en 1827 l'allée de Lamothe, d'ormeaux aussi, qui furent coupés et remplacés en 1874-75 par des platanes, dont les ponts et chaussées avaient bordé également la montée de la Croix-des-Frères, sur la route du Puy, en 1851, et la route de Saint-Etienne à St-Flour, de 1876 à 1878.

En dehors de la politique, le seul évènement à citer, parce qu'on en parle encore aujourd'hui, c'est celui qui coûta la vie à plus de trente personnes noyées dans l'Allier, en passant, un jour de foire à Auzon, le bâteau de Chappes, qui, trop surchargé, chavira, engloutissant tous ceux qui ne savaient pas

nager ou ne purent être arrachés à temps aux eaux.
Les anciens seuls maintenant se rappellent, au contraire, la grande manifestation populaire qui eut lieu
à Brioude le 9 août 1829, en l'honneur du général
Lafayette.

Le général, dans la marche triomphale qu'il fit
à cette époque, à travers la France, passait à Brioude,
accompagné de Georges, son fils, qui ne l'a jamais
quitté. Le même jour Charles X répondait par un
défi éclatant aux protestations de la France : le ministère Polignac était formé. Une guerre à mort entre
la royauté et la démocratie allait s'engager. Le général n'apprit qu'au Puy la nouvelle.

A Brioude, comme sur tout son parcours, il fut
accueilli avec enthousiasme. La population tout entière, musique en tête, fut à sa rencontre ; les jeunes
gens étaient allés l'attendre à cheval jusqu'à Lempdes;
il fut complimenté à la porte de la ville. Un banquet
de 120 couverts lui fut offert par les libéraux, un autre
par la loge maçonnique. Des députations de paysans,
d'ouvriers, vinrent lui porter les compliments des
classes laborieuses. Les soirs, la ville fut illuminée.
Les mêmes acclamations, la même foule l'accompagnèrent bien loin. Sur la route, les cultivateurs quittaient leurs travaux, les villageois leurs maisons, pour
venir le saluer et lui faire cortège.

C'était la seconde fois qu'il revenait dans la contrée
qui l'avait vu naître et y recevait cet éclatant témoignage de sympathie populaire. La première fois,
c'était en 1789. Pendant le temps de son séjour, Cha-
vaniat ne désemplit pas, tout le département fut lui
rendre visite. Ce voyage politique qui remua si pro-

fondément le pays, fut une des causes de la Révolution de Juillet, comme la campagne des banquets,
dirigée par Ledru Rollin en 1847, contribua puissam-
ment à la Révolution de Février.

C'est par des manifestations de ce genre que les
grands courants se forment dans les masses, qui dans
les campagnes lisent peu les journaux, même de nos
jours où le journal est à un sou, et ne peuvent guère
assister, comme les ouvriers des villes, à des réunions
publiques où il y a de l'écho quand on parle de liberté, d'égalité, de droit.

Les premiers mois de 1830 ne furent pas trop orageux à Brioude, où l'on était loin du soleil de Juillet.
Cependant, le réveil s'annonçait par le résultat des
élections. Au Puy, M. Bertrand, libéral d'une nuance
modérée, remplaçait à la chambre des députés, après
la dissolution de cette chambre et la réélection des
221, M. Calemard de Lafayette, ultra-royaliste. Le
grand collège, composé de grands propriétaires, de
grands industriels, choisit pour son député, Berryer,
célèbre déjà, comme avocat et comme homme politique, mais qui n'avait pas la renommée qu'il a acquis
depuis. Ce fut le docteur Marret, maire, qui fit les
honneurs de Brioude au candidat du gouvernement,
qu'il accompagna ensuite au Puy, avec mon père, qui
avait été désigné comme un des scrutateurs du bureau. Peu de mois après la Révolution éclatait et les
Bourbons étaient chassés de France, les chambres
des députés et des pairs fermées. C'est un nouveau
cycle politique qui commence.

CHAPITRE IX

MON ENFANCE POLITIQUE

Jusqu'aux jours où nous sommes arrivés, je n'ai pas été, pour ainsi dire, mêlé au mouvement politique, administratif, religieux, dont je viens de donner un aperçu. J'étais trop jeune, je ne dirai pas pour prendre couleur, arborer un drapeau, mais même pour être au courant de ce qui se passait autour de moi, comprendre bien des choses dont on parlait cependant beaucoup, attacher de l'importance aux questions de partis ou de personnes pour lesquelles on se passionnait alors. C'est par ouï dire, par des notes trouvées dans les papiers de mon père, ou par les récits qui m'en ont été faits plus tard par mes aînés, que j'ai pu faire cette revue rétrospective des années écoulées depuis l'avènement du Directoire jusqu'à la chute des Bourbons, où j'ai vécu en pleine contre-révolution monarchiste.

Ma famille étant monarchiste et catholique, mais sans fanatisme, j'avais naturellement, dans mon jeune âge, pour camarades de jeux puis de classe, les enfants des familles ayant les mêmes opinions que la mienne. Avec eux, j'allais admirer, aux fêtes religieuses et politiques de la Restauration, les drapeaux

en papier blanc semés de fleurs de lys en papier
jaune, les fonctionnaires en ceintures non moins blanches mais en soie et ornées de franges d'or, les illuminations de joie à *brûler un cent de lampions* et les
feux d'artifice *éteints par une averse,* comme l'a rappelé Béranger dans ses chansons, le grand catafalque
couvert de draperies noires, de larmes blanches et
entouré de cierges, qu'on élevait au milieu de l'église
aux anniversaires de la mort de Louis XVI ; les *te
Deum* en musique qui étaient chantés, avec accompa-
gnement d'orgue, à la St-Louis, puis à la St-Charles,
par le clergé revêtu de ses plus belles chapes, devant
tout ce que Brioude comptait de royalistes, nous
attiraient également à l'église. Tous les enfants de
la ville, qui se rencontraient partout d'ailleurs, ne
songeant pas à se diviser en *blancs* et en *bleus,* —
on appelait encore ainsi les royalistes et les bonapartistes — vivaient en bonne intelligence, s'amusaient
ensemble, sans distinction même de quartier. Ce ne
fut que quelques années après, que les gamins des
Barrys et du Postel se livrèrent des combats en règle
à coups de pierres, sous la conduite de chefs, dont
l'un était Aimé Pissis, le tambour-major, Marchet, et
le commandant d'avant-garde, Vernière, dit Viralim,
devenu un prêtre peu batailleur, qui fut blessé à la
tête par un projectile, bien que Pissis eût pourvu sa
troupe de boucliers faits avec des fonds de bacholes.

Dans les premières années de la Restauration,
j'avais alors six à sept ans et n'étais pas né républicain dans le ventre de ma mère, comme s'en sont
vantés certains courtisans des dynasties déchues, qui
se sont dit plus républicains que ceux de la veille, je

dus être fort heureux, je le présume, d'être, en même temps que des *grands,* décoré d'une fleur de lys en argent, par le général Rey, pendant son passage à Brioude. Ce cadeau, il m'en souvient, me fut fait dans notre salon de compagnie, qui à l'heure qu'il est a conservé son ameublement *empire,* bergères et sophas en bois de cerisier recouvert de velours d'utrech jaune, papier vert, velouté, aux bandes noires à reflets argentés.

En recevant avec joie ce hochet royal dont je ne m'amusai d'ailleurs pas longtemps, je ne pouvais guère prévoir que 64 ans après je refuserais, sous la République, d'un gouvernement républicain, la croix de la Légion d'honneur, que M. de Lamer, préfet, sur l'initiative de notre sous-préfet Vaussange, avait bien voulu, sans m'en prévenir, demander au ministre de l'intérieur de m'accorder et qui fut donnée à un de nos concitoyens de la Haute-Loire, après que j'eus prié les représentants du pouvoir central de ne plus songer à moi. Je puis bien dire cela au moment où je suis accusé d'être un ambitieux, avide de distinctions, d'honneurs.

Je dois encore confesser que je fus désigné pour aller complimenter, au nom des écoliers de Brioude, le duc de Polignac, qui en se rendant au Puy, s'était arrêté au château de Paulhac, où un de nos camarades de cette partie de ma jeunesse, Léon de Miramon, dont le brillant costume de hussard nous faisait tant d'envie, me retint ainsi que la troupe enfantine qui m'avait accompagné, à goûter avec le duc. On doit penser que je trouvai fort avenant ce grand personnage, qui nous donna un jour de congé.

Au Collège, où j'entrai en cinquième sous l'abbé Gladel, mes relations s'élargirent. Je fis bientôt connaissance avec les *grands,* qui étaient dans les hautes classes, mais parmi lesquels étaient deux de mes parents, Adolphe Tallobre et Auguste Chirac, que dans mon exil, après 1852, j'ai retrouvé en Belgique; il y était officier, ayant, en 1830, conduit une compagnie de volontaires français, aux belges levés pour leur indépendance contre le roi de Hollande, et est venu mourir en France avec le grade de général. Bien qu'externe je prenais parfois part avec eux aux jeux de *barres* ou des *prisonniers,* alors en vogue. Je jouai même un rôle dans une comédie de Molière où l'on avait supprimé bien entendu les femmes, ce qui devait faire une singulière pièce.

C'est là que je commençais à me lier avec Arthur Mallye, Joseph Thomas, Adrien Héraud, Emmanuel Déjax, Alfred Grenier, qui se trouvèrent aussi en même temps que moi à Paris comme étudiants en droit ou en médecine. Bien que ne faisant pas encore de politique, ils voyaient leurs amis, les Grenier-Granchier, les Salveton, qui étaient en plein dans le mouvement et les initiaient aux doctrines du libéralisme.

Pour moi, je ne fis mes premiers pas, dans l'opposition aux Bourbons, et encore en chansons, qu'à Clermont, où j'allais faire ma rhétorique et ma philosophie avec Amable Marchet, le seul peut-être de mes amis, de toutes les époques, de toutes les couleurs, avec lequel j'ai conservé jusqu'à ce jour mes vieilles et bonnes relations. Les Pissis, mes excellents camarades, restés toujours républicains comme moi,

ayant quitté la France depuis de longues années
pour aller se fixer dans les Amériques, où Joseph,
l'aîné, est mort à San-Francisco, je ne puis pas les
compter, bien que la distance, le temps n'aient pu
relâcher les liens d'affection qui nous unissaient et
que la mort seule peut rompre.

C'est toutefois à Paris que je fis mon premier acte
de foi républicaine, à l'occasion d'un banquet offert
par les étudiants de l'Auvergne aux députés de l'extrême-gauche, et dont je parlerai dans la seconde
partie de ce travail. Dans cette grande ville cependant, j'étais arrivé avec des recommandations de
mon père pour des royalistes amis ou parents de
notre famille, M. Dupuy, pair de France, sa belle-
sœur, Mme Dupuy-Escot, M. Croze, sous-préfet de
Corbeil, mais habitant souvent la capitale, chez
son beau-père, M. Lemercier, pair de France, M. de
la Villate, premier valet de chambre du duc de Bordeaux, M. Mandaroux-Vertamy, avocat à la cour de
cassation, gendre de M. Pardessus.

Je fus donc lancé dans des sociétés royalistes, où je
reçus un accueil très empressé. Ainsi, j'eus la faveur
d'être admis par M. Émile Deschamps, à qui M. Croze
m'avait présenté, dans le *cénacle romantique,* où
Victor Hugo, Sainte-Beuve, Brizeux, Antoine Deschamps, Meyerbeer, Alfred de Vigny, se réunissaient
pour donner la primeur de leurs œuvres.

Je dînais de temps en temps avec Teillard-Later-
risse, mon ami et parent, qui fut mon collègue à la
législative, chez Mme Dupuy, où je voyais le général
Becker, et chez son beau-frère qui recevait de grands
personnages du jour. M. de La Villate nous offrait de

temps en temps, à Alfred Grenier et à moi, à déjeûner aux Tuileries, où il habitait un modeste appartement dans les mansardes.

J'étais invité aux bals donnés à l'école de droit par M. Pardessus, et à l'hôtel Boscaris, où, parmi les jeunes danseurs, se trouvaient MM. de Falloux et Léon de Miramon qui devait épouser une des demoiselles de la maison.

Grâce à M. Emile Deschamps, j'eus le privilège d'avoir une bonne place, en faisant toutefois queue pendant trois heures, dans une loge du Théâtre-Français, à la première représentation d'*Hernani*, où se livra une véritable bataille entre les romantiques et les classiques.

Dans chacun de ces partis littéraires, se trouvaient pêle-mêle des républicains et des monarchistes. Parmi les classiques, à côté des conservateurs de la tradition en tout genre du siècle de Louis XIV, on comptait les philippistes du *Constitutionnel,* les libéraux avancés du *National,* alors sous la direction de Thiers, Mignet et Armand Carrel, et d'ardents républicains, comme ce dernier, le vaillant et brillant journaliste, qui se sépara bientôt de Thiers et Mignet et fut tué en duel par Emile de Girardin, et comme Etienne Arago, resté toujours fidèle aux principes de Boileau.

La victoire fut vivement disputée. Des perruques et des fleurs furent jetées sur les acteurs. On échangea de *gros mots* et des mots piquants, on faillit en venir aux mains. Victor Hugo, qui avait été proclamé tout jeune un enfant de génie par Châteaubriant, un des précurseurs du romantisme, et était alors encore monarchiste et catholique, au point de vue de l'art au moins, travaillait à réhabiliter le moyen âge. Le poète eut les honneurs du triomphe et entra dans la célébrité.

La politique étant bannie de ces réunions, je pouvais y aller sans croire me compromettre vis-à-vis de mes amis de l'opposition anti-dynastique, sans faire acte d'adhésion au gouvernement des Bourbons, auquel en grande majorité les étudiants étaient hostiles et qu'ils battaient en brèche à leur manière.

Quand je venais passer les vacances à Brioude, je continuais également d'aller aux réunions dont Mme Borne faisait les honneurs avec tant de grâce, dans les salons de la sous-préfecture. J'avais encore peu de connaissances dans la société Bonne, aux soirées de laquelle je n'ai jamais assisté, malgré mon désir, avant 1830, et où je n'ai pas été après la Révolution de Juillet, car elle se fractionna bientôt en philippistes et en républicains, pendant que les républicains se rencontraient dans l'opposition avec les légitimistes. Alors c'est un Brioude tout nouveau qui apparaissait à la génération à laquelle j'appartenais, et qui allait jouer son rôle dans les évènements intéressant notre ville et le pays.

Deuxième Partie

CHAPITRE X

MONARCHIE DE JUILLET

Des écrivains, des administrateurs ont, à diverses époques, donné sur les usages, les mœurs, les localités de notre vieille Auvergne, de curieux renseignements. Nous-même, nous occupant seulement de notre petite ville de Brioude, nous avons fait connaître dans nos *Notices historiques,* son passé sous l'ancien régime, avec les luttes de ses bourgeois contre les comtes du chapitre de Saint-Julien, ses seigneurs spirituels et temporels, et son affranchissement par la grande Révolution de 89. Nous avons ensuite, dans la première partie de ce travail, rappelé brièvement les évènements les plus intéressants de nos chroniques brivadoises, depuis la première moitié du XIXe siècle jusqu'au moment de transition où le pays, sortant de la royauté légitime pour entrer dans la République, fait une halte dans le juste milieu de la monarchie constitutionnelle de Juillet.

C'est de ce qui s'est passé depuis cette date fatidique de 1830, qui vit s'écrouler pour toujours la monarchie légitime, jusqu'à celle de 1848, qui a renversé la monarchie constitutionnelle, que nous venons parler. La dernière partie de ce travail sera consacrée à nos chroniques locales pendant la République de février, l'empire de décembre et les Républiques de septembre. On verra ainsi tous les changements qui se sont opérés dans notre ville depuis son origine jusqu'au jour où se fermera ce livre, et les progrès accomplis.

Avec mes vingt ans commencés en 1810, accomplis le 29 juillet 1830, la dernière journée des trois *glorieuses*, j'entrai enfin résolument dans la voie de liberté, d'égalité, de fraternité, de droit, de justice qui conduit à la République démocratique et sociale, et je n'en suis plus sorti. Ce sont les souvenirs des autres que j'ai réunis, évoqués dans la première partie de ce travail. Celle-ci est consacrée à mes souvenirs personnels. La tâche est plus difficile, car il est toujours délicat de parler de soi, et, quand on n'a pas de compliments à leur faire, des autres.

Ce fut en 1829 que je fus faire mon cours de droit à Paris. On allait alors de Brioude dans la capitale par les diligences Caillard et Laffitte, qui mettaient trois jours et deux nuits pour faire le trajet, dont le seul agrément était les repas que l'on faisait en route, car on arrivait moulu, couvert de poussière et de

sueur, ou gelé en route, |suivant les saisons. Je me
mis de suite en relation avec un grand nombre
d'élèves des écoles, parmi lesquels je retrouvai des
amis de collège, et je me lançai avec quelques-uns
d'eux dans la politique.

En février 1830, les étudiants de la Haute-Loire,
du Puy-de-Dôme et du Cantal donnèrent un banquet,
à Paris, aux députés de l'Extrême-Gauche : le général
Lafayette, MM. Georges Lafayette, Labey de Pom-
pières, Audry de Puyraveau, Dupont (de l'Eure), de
Schonen, Voyer d'Argenson, etc., et aux rédacteurs
de la presse avancée, Chatelain, du *Courrier Fran-
çais,* etc. Les commissaires étaient Breymand et
Reynaud, étudiant en médecine (du Puy), Amédée
St-Ferréol et Arthur Mallye, étudiants en droit (de
Brioude), Chazelon et Vidalenc (du Cantal), Moulin,
Dumiral, Serciron (du Puy-de-Dôme).

Les discours les plus énergiques furent prononcés.
Le banquet se termina par le chant de la *Marseillaise,*
alors proscrit, et qu'avec Vidalenc nous fûmes copier
à la bibliothèque de la rue Richelieu, car on ne la
savait pas encore par cœur. Les commissaires reçurent
à la suite du banquet, la visite de quelques-uns des
invités qui vinrent les remercier.

Six mois plus tard, Charles X faisait paraître les
ordonnances qui annulaient la charte octroyée.

Paris répondit par l'insurrection.

En trois jours, le peuple écrasa sous les pavés les
trois dynasties des Bourbons de la branche aînée,
chassant tout à la fois, Charles X, le duc d'Angoulême, le duc de Bordeaux.

Nos concitoyens et amis Breymand et Valicon, du

Puy, Serciron, Vidalenc, dont la sœur devait épouser le docteur Héraud, se battirent sur les barricades pour la liberté, avec les Charras, les Cavaignac, les Guinard, les Trélat, les Bastide, les Etienne Arago, toute cette phalange de vaillants démocrates qui, républicains alors, sont restés, toute leur vie, fidèles à la cause de la République pour laquelle ils ont combattu et souffert. Ils furent nommés officiers et décorés de la croix de Juillet par la commission des récompenses nationales. Brioude était représenté par Sadourny qui, en arrivant dans sa ville, devint marchand de bois.

Ce fut le 29 seulement, à Brioude, où j'étais depuis quelques jours, ayant devancé les vacances, que des bruits d'insurrection commencèrent à se répandre. Aussitôt une vive agitation régna dans la ville ; les nouvelles étaient attendues avec impatience, les diligences assiégées par la foule à leur arrivée. Les plus impatients allaient au loin, à cheval, chercher des renseignements. Le dimanche, enfin, on annonce que le drapeau tricolore flotte à Paris, qu'on se bat à Clermont. En même temps, Grenier aîné arrive à cheval, ayant une cocarde tricolore au chapeau. Immédiatement, les patriotes s'arment avec les fusils déposés à l'hôtel-de-ville, s'organisent en garde nationale et arborent le drapeau tricolore sur le clocher de la ville.

Il n'y avait alors point de télégraphe ; les journaux n'avaient pas paru ; aucune nouvelle officielle n'était parvenue et ceux qui, en s'associant ainsi, autant que cela dépendait d'eux, aux dangers de leurs frères de Paris, plantaient le drapeau aux trois couleurs en déchirant le blanc, firent donc acte de courage ; c'étaient, Jean Faugère, Joseph Pissis, Grenier aîné, Léon Beck, Bordeaux, plâtrier, Blanquet, menuisier.

Le lendemain, aucune dépêche n'était encore parvenue. L'autorité déféra au conseil municipal l'acte d'insurrection de la veille en demandant l'autorisation de poursuivre les coupables. La plupart des membres étaient d'avis de sévir ; mais les nouvelles qui se succédaient d'heure en heure devenaient peu rassurantes pour le parti royaliste, les plus prudents conseillèrent d'attendre.

Le soir, le *Moniteur* arriva, annonçant la victoire du peuple, la chute des Bourbons.

Dès qu'il n'y eut plus de danger, tous les libéraux honnêtes et modérés accoururent en foule, prirent d'énormes cocardes tricolores, entrèrent dans la garde nationale.

Toutes les autorités furent suspendues. Le sous-préfet, M. Borne, fut sommé de cesser ses fonctions par MM. Grenier Baptiste, Doniol (de Barlière), et Auguste Lamothe (de Frugères-les-Mines), qui le menaçait de faire marcher sur la ville les mineurs du bassin houiller.

Une Commission municipale fut organisée ; elle fut composée de MM. Bonne-Chevand, Talayrat, Salveton, Déjax, juge de paix. Le peuple et les hommes de la veille ne furent ni appelés, ni consultés sur ce choix. M. Déjax avait demandé une convocation des *notables* ; les *Salveton,* les *Bonne* disaient qu'il était illégal de suspendre les autorités ; ils ne se laissèrent pas moins nommer membres de la commission, par une réunion composée de bourgeois raisonnables par l'âge comme par les opinions. Cette commission prit tous les pouvoirs et c'est à elle que les dépêches administratives furent adressées.

On laissa cependant l'ancien maire Marret faire les mariages.

Pendant la Restauration, comme avant 89, une partie de la bourgeoisie fut à la tête du mouvement libéral, progressif, révolutionnaire, qui emportait la France vers ses nouvelles destinées et devait aboutir tôt ou tard à la République, l'idéal vers lequel tout marchait. Ceux qui étaient dans ses rangs cherchèrent, par tous les moyens possibles, à repousser les tentatives faites par les hommes du passé pour restaurer l'ancien régime, et, en même temps, à donner au pays des institutions fondées sur la liberté. Par haine de l'aristocratie, désir d'occuper la place qu'assignaient au tiers-état, qui n'avait été rien et voulait être tout, sa richesse, son instruction, son influence, et aussi par patriotisme, amour de l'indépendance, ils voulaient renverser la monarchie de droit divin imposée par l'étranger, soutenue par la noblesse, et qui mettait le trône sur l'autel ; alors, ils savaient, au besoin, payer de leur personne comme de leur bourse ; et furent, en général, à la hauteur de leur tâche.

Dans cette opposition de quinze ans, si bien organisée, si unie, si forte, si audacieuse, il y avait des bonapartistes et des républicains. Ceux-ci étaient en majorité, malgré les chansons de Béranger et les articles de la presse libérale, qui, pour exciter à la haine et au mépris des Bourbons, chantaient sur tous les tons l'épopée de l'empire, créaient cette légende, qui devait être un jour si fatale à la France, du Napoléon continuateur et défenseur de la Révolution. Les bonapartistes ajournaient leurs espérances ; leur empereur était mort, le roi de Rome était prisonnier à la cour de l'empereur d'Autriche, où on l'appelait le duc de Reichstadt ; il n'y avait encore aucun Napoléon qui pût occuper le trône de France. En attendant, ils se ralliaient à la République, espérant que la République les vengerait des Bourbons qui avaient fusillé ou proscrit leurs plus illustres généraux, persécuté leurs compagnons d'armes appelés les brigands de la Loire, cloué le *petit caporal, l'homme à la redingote grise,* sur le rocher de Sainte-Hélène.

A Brioude, à part trois ou quatre anciens militaires, le colonel Desgardes, Bardy, Joly, Cheminard, bonapartistes dans le fond du cœur, ceux qu'on appelait des libéraux étaient républicains, comme l'étaient le général Lafayette et son fils Georges, les chefs naturels du parti dans la Haute-Loire.

Au premier rang de cette bourgeoisie de Brioude qui marchait derrière eux, malgré leur différence d'âge, se trouvaient Frédéric Grenier, Emile Redon, Léon Beck, Emmanuel Déjax, Gustave Chanson, Joseph Alluys, Charreyre, médecin, morts républicains ; Joseph et Aimé Pissis, qui sont allés chercher une patrie dans les libres Amériques ; Vidalenc, Bonne-Chevand père et fils, Grenier ainé, Camille Morin, dit Bolivart, Victor Mottet, Joseph Thomas et Fouillet, petits-fils, par leur mère, du régicide Delcher, dont ils étaient fiers alors, avec raison ; Roumilhac, Paul Maigne, Grenier Baptiste, Marret-Salveton, Esbrayat, Frédéric Salveton, Alphonse Monestier, Augustin et Alexandre Alezard, Arthur

Mallye, Adenis, Amable Marchet, Auguste Héraud, Charles Thomas, Grenier-Chevand, Salveton père ; et, dans les environs, Doniol, propriétaire (à Barlière), Auguste Lamothe (à Frugères-les-Mines), Chevand (à Flaghac), Chauvy, Fabre, Vigier, notaire (à Paulhaguet), les Pascon et Auguste Chauchat (à Langeac)· Vidal, médecin, Andraud, propriétaire, et Besson (à Lamothe), Vidal Desessart (à Aurac), Grenier (d'Asinière) ; puis, venaient d'une nuance plus modérée, mais n'étant ni bonapartistes ni encore orléanistes : Adrien Héraud, Déjax père, Denier-Bertrand, Vernière-Borel, les Belmont, Vernière-Rochette, Mallye père, qui avait été très royaliste. Tous étaient alors à la tête de la démocratie la plus avancée de l'arrondissement de Brioude.

Les Grenier, notaires, père, fils et petit-fils, restaient dans les neutres, au juste milieu.

J'étais un des plus jeunes de ce parti où il y avait plus de républicains bourgeois que de bourgeois républicains, et auquel j'appartins aussitôt que j'avais compris quelque chose à la politique. Eh bien ! de ceux que j'ai nommés, tous, excepté les quelques fidèles que j'ai dit être morts jeunes ou avoir quitté la France, ont fait, quand ils ne sont pas tombés à l'une des étapes de la route, le plongeon dans la monarchie, de la monarchie dans l'empire, et m'ont rejoint deux fois dans la République où je demeurerai, quoiqu'il arrive. Presque seul de tous, depuis 1827 où je suis entré dans la vie politique, j'ai gardé et affirmé ma foi républicaine pendant les longs jours de la monarchie et de l'empire, sans faire aucune capitulation de conscience, aucune transaction avec l'ennemi, aucune concession au pouvoir du jour, sans dévier de la route où j'étais entré avec la volonté du devoir à remplir et que je poursuivrai jusqu'au bout, avec la pensée du devoir accompli.

Au lendemain de la Révolution de 1830, les farouches républicains de la veille devinrent en majorité des philippistes enragés ; quelques années après, tous avaient apostasié, s'étaient embourbés dans le juste milieu, brûlant ce qu'ils avaient adoré, adorant ce qu'ils avaient brûlé. Jadis ils criaient contre la profanation de la croix d'honneur, et ils se sont aplatis dans la boue pour ramasser un bout de ruban ; ils tonnaient contre les jésuites, et ils ont fait la guerre aux écoles mutuelles, livré l'enseignement aux ignorantins ; ils déblatéraient contre la noblesse, et ils s'affublaient de titres surannés ; ils soulevaient le peuple en lui promettant l'abolition de l'impôt sur les boissons, et ce qu'on n'aurait jamais osé faire sous la Restauration, ils l'ont fait après la Révolution, ils ont élevé des barrières autour de Brioude, augmenté le poids des taxes de l'octroi ; ils attaquaient les cumuls, les sinécures, les gros traitements, maudissaient le despotisme et les oppresseurs, et ils se sont rués à la curée des places et des honneurs, s'en sont gorgés, eux et les leurs, et ont applaudi à tous les actes, à toutes les lois qui portaient atteinte à la liberté, à l'égalité, au droit ; ils flétrissaient avec indignation les cours prévôtales, le meurtre de Lallemand, les exécutions des quatre sergents de La Rochelle et des républicains condamnés pour crimes politiques, les fusillades et les proscriptions des conventionnels et des généraux coupables de fidélité à leurs opinions, et ils n'ont eu que des paroles d'éloge pour les massacres de la rue Transnonain, les tueries du cloître Saint-Méry, les jugements d'exception de la cour des pairs, l'exécution d'Alibaud.

La bourgeoisie, à Brioude, a suivi l'exemple de la bourgeoisie française, à qui les doctrinaires ont livré le gouvernement, les fonctions, les moyens de s'enrichir aux dépens du peuple ; elle a rompu, depuis lors, avec la démocratie qui ne l'estime ni ne l'aime.

L'aristocratie et la partie de la bourgeoisie qui était légitimiste, furent plus dignes, plus fermes. Il y eut dans leurs rangs peu de défections. Les royalistes en général restèrent dans leur tente pendant tout le règne de Louis-Philippe, et ils firent à leur manière, à côté des républicains, une guerre vive et sans relâche à l'ennemi commun.

En 1848 seulement, lorsque le trône des Bourbons de la branche cadette fut à son tour broyé sous les pavés de Paris, ils s'allièrent à leurs implacables ennemis de la veille et de l'avant-veille, les orléanistes et les bonapartistes, pour étouffer la République naissante, qui avait donné au peuple le suffrage universel, c'est-à-dire le droit de se gouverner lui-même. Alors la bourgeoisie tout entière, corrompue par d'impures alliances, affolée par la peur de la démocratie, perdit toute autorité, toute influence sur les masses et s'effondra bientôt dans l'empire, d'où elle est sortie, après les hontes et les crimes de l'homme de Sedan, sans avoir rien oublié et rien appris, toujours réactionnaire.

Mais revenons en 1830. La garde nationale s'organisa rapidement ; elle fut bientôt composée de six

cents hommes, presque tous habillés, et avait une très
bonne musique. La cravate de son drapeau avait été
brodée par mesdemoiselles de Lafayette. On avait
offert le commandement, au début, à MM. Missonnier et Levé, qui étaient les officiers les plus anciens.
Ils refusèrent en hommes prudents; l'issue des évènements était encore incertaine.

Le colonel Desgardes, au contraire, accepta avec
empressement, en disant qu'il était prêt à marcher
à la tête de ses concitoyens. Seulement, peu sévère
pour la discipline, il laissa le bataillon aller bientôt
trop à la débandade.

Mais dans les premiers jours, que d'enthousiasme,
comme l'avenir paraissait beau à tous. Ceux-là même
qui se défiaient des rois et des d'Orléans, aimaient
mieux ajourner leurs espérances que de ne pas s'associer à la joie du pays qui saluait alors dans Louis-
Philippe la *meilleure des Républiques*.

Aussi, l'agitation, le bruit, le mouvement régnaient
dans notre ville ordinairement si paisible. Les revues
de la garde nationale, qui attiraient toute la population, étaient brillantes, non pas par la tenue des
soldats-citoyens, la précision des mouvements, mais
par le zèle et l'empressement de ceux qui s'étaient
armés volontairement.

Les veillées du corps de garde étaient joyeuses...
des patrouilles allaient relancer jusque dans leur lit
les retardataires ou les déserteurs, empoignaient par
le collet dans la rue les flaneurs de nuit et les condui-
saient au violon, et tout cela finissait par des chansons. Parfois on faisait trop de zèle. Commandés par
quelque vieux grognard, comme Bariole, dit la

Colonne, quatre hommes et un caporal arrêtaient et interrogeaient les voyageurs qui paraissaient suspects, fouillaient les voitures pouvant cacher un complot dans leurs flancs, interceptaient les dépêches adressées à des fonctionnaires du règne déchu.

Le lieutenant de gendarmerie Dussuc, lui-même, dut se soumettre. Ayant reçu, pendant la nuit, la visite d'un gendarme étranger, il fut sommé de montrer la dépêche qui lui avait été remise ; menacé par Morin qui lui mit la baïonnette sur la poitrine, il obéit sans plus se faire prier du reste.

La dépêche qu'il venait de recevoir lui enjoignait de prendre la cocarde tricolore. Il dit, en montrant celle qu'il allait mettre à son chapeau, qu'il l'avait toujours portée sur le cœur. Cette réponse désarma le poste qui connaissait son ardent royalisme de la veille.

Il faut dire que d'après le bruit qui courait, M. de Montbel, un des ministres signataires des ordonnances et décrétés d'accusation, devait être caché dans un des châteaux des environs ; on voulait le saisir au passage. Peu s'en fallut que des visites domiciliaires ne fussent faites alors dans les châteaux de Cumignat et d'Alleret.

En fait de promenades militaires, la garde nationale se contenta d'aller assister à la pose de la clef du radier du pont de Vieille-Brioude qui était alors complètement terminé : cette cérémonie se fit en présence de toutes les autorités de Brioude et de Vieille-Brioude, qui, à cause des évènements, avaient laissé, quelques semaines avant, poser par les ouvriers seuls la clef de la voûte, qu'on n'avait même pas arrosée.

La lecture publique, sur la place de l'Hôtel-de-Ville, des journaux qui retraçaient l'histoire des trois jours, les actions d'éclat des héros de Juillet, les premières discussions de la Chambre des députés, attirait, chaque soir, une foule nombreuse. Les applaudissements interrompaient souvent les lecteurs, qui furent d'abord M. de Talayrat, ensuite M. Arthur Mallye, puis l'avocat Chomette, dont le débit théâtral amusait souvent ses auditeurs.

Les habitants de Brioude envoyèrent au général Lafayette et au nouveau roi deux adresses, la première rédigée par M. Paul Maigne, l'autre par M. de Talayrat. Arthur Mallye et Baptiste Grenier furent chargés de les remettre.

CHAPITRE XI

RÉACTION

Alors commença la curée des places : Grenier Baptiste et Salveton fils furent faits d'emblée avocats généraux ; Arthur Mallye fut nommé substitut à Clermont ; Auguste Chauchat, procureur du roi ; Chauvy, préfet en Algérie ; Bonne-Chevand, sous-préfet à Brioude ; Salveton père, maire, id.; Grenier (d'Azinière) fils, receveur particulier, id.; Fouillet, substitut, id. Peu de temps après, M. Mallye père fut investi des fonctions de juge de paix.

Récompenser les hommes qui ont concouru au triomphe de la cause victorieuse ; remplacer les fonctionnaires du régime écroulé sous la haine ou le mépris public, par des fonctionnaires dévoués au nouvel ordre de choses ; mettre à l'honneur ceux qui ont été au danger ; donner un poste, de l'avancement, après un changement de gouvernement, à qui a travaillé d'une manière quelconque à le rendre possible, à l'amener, cela nous paraît aussi juste que nécessaire. En Révolution, il faut changer les hommes comme les institutions, si on ne veut pas laisser dans l'intérieur de la place des traîtres prêts toujours à en livrer les portes ; et les vainqueurs ne doivent pas pousser l'abnégation, le désintéressement, disons mieux, la bêtise, jusqu'à écarter du pouvoir eux ou leurs amis pour y laisser leurs ennemis.

La République, elle-même, si ouverte qu'on veuille la faire, pour y laisser entrer tout le monde, si c'est possible, ne doit ni ne peut accorder des faveurs, des fonctions, une influence officielle, aux hommes du lendemain, qui n'ont pas fait leurs preuves, ni donné des gages de leur fidélité au nouveau gouvernement ; elle ne doit, dans aucun cas, les prendre pour chefs.

Seulement, ce sont ordinairement les intrigants, les quémandeurs du parti victorieux qui obtiennent la récompense due à de plus méritants qu'eux, à des citoyens sans ambition, sans protection, qui se tiennent à l'écart des puissants du jour. Souvent aussi, arrivés aux fonctions, au pouvoir, les hommes qui avaient des principes la veille, n'ont plus que des appétits le lendemain ; ils font ce qu'ils blâmaient chez les autres, deviennent aussi réactionnaires que ceux dont ils ont pris la place, poursuivant, avec le même acharnement, leurs coréligionnaires d'autrefois, et trouvant parfaites les lois, les mesures qu'ils proclamaient jadis odieuses, arbitraires, injustes.

C'est ce que nous avons vu à Brioude, où, un peu plus tôt, un peu plus tard, ceux qui ont eu leur part de la distribution des places, même en y ayant droit par leurs opinions, quelques-uns par leurs antécédents, se sont, virant de bord, jetés dans les eaux du marais, afin de sauver la caisse ou faire pénitence de leurs péchés de jeunesse ; ils ont renoncé à l'opposition, à ses périls, à ses ennuis, pour se convertir aux douceurs et aux profits du pouvoir.

Une réforme, du moins, eut lieu dans l'enseignement. Le collège fut rendu à l'Université, qui, à la
place des prêtres, envoya des laïques. M. Rabany-
Beauregard en fut le principal ; il eut pour succes-
seurs MM. Fayole, Gaubert, longtemps après maire
de la ville, l'abbé Guérard et Neyreneuf (de Brioude).

Le peuple ne s'était guère ressenti des changements
opérés par la Révolution. A part le drapeau tricolore
qui avait remplacé le blanc, et les nouveaux fonctionnaires qui avaient succédé aux anciens, il pouvait se
croire toujours sous les Bourbons, dont les d'Orléans,
du reste, n'étaient qu'une branche gourmande. La
suppression du double vote et l'abaissement du cens
électoral à 200 francs, qui donnaient satisfaction à la
bourgeoisie, assurée de devenir la classe dirigeante,
ne changeaient en rien sa situation politique. Qu'il
y eût deux cent mille électeurs au lieu de trente mille,
cela lui importait peu, il n'avait pas le droit de vote
et continuait à faire partie de la vile multitude. Il
ne réclamait pourtant pas encore le suffrage universel, mais ce qu'il ne pouvait pas comprendre, ce
qu'il n'admettait pas, c'est qu'il eût à supporter les
impôts que les hommes qui avaient voulu la Révolution
pour l'en décharger, à ce qu'ils disaient, mainte-
naient et aggravaient encore.

A Brioude, comme dans tous les pays vinicoles, le
peuple avait cru que l'impôt sur les boissons surtout
serait aboli ; on lui avait tant dit que cela devait être,
on l'avait si violemment excité contre les *rats de cave*,
qu'il crut le moment venu de profiter de la Révolution,
en se libérant lui-même de l'impôt.

Il refusa net de payer les droits d'octroi et de régie.

et pour effacer la trace de ces droits et les empêcher
d'être rétablis, il fit comme en 92, il se porta chez le
directeur des contributions indirectes, M. Jaccas,
grand-père de M. Ch. Coupe, brisa tout ce qu'il trouva
dans les bureaux, emporta et brûla les registres
dans un feu de joie allumé au Postel, au milieu des
acclamations de la foule.

Les choses, ainsi qu'il arrive en pareil cas, prirent,
un moment, une tournure menaçante ; des pierres
furent lancées dans les fenêtres du directeur ; quelques
individus ivres et mal famés, essayèrent de pénétrer
dans la maison, pour s'emparer de M. Jaccas à qui ils
auraient fait un mauvais parti. Celui-ci put se sauver
par les toits ; mais déjà la garde nationale, réunie
au premier coup de tambour, s'était portée sur le lieu
de la scène et faisait évacuer le rez-de-chaussée de la
maison, sans avoir besoin d'employer la violence.

On fit quelques arrestations, le bruit courut alors
que les populations des environs devaient venir enlever les prisonniers. Les autorités lancèrent de superbes
proclamations, défendirent les rassemblements de
plus de trois personnes, distribuèrent des cartouches
aux gardes nationaux, mirent, pour ainsi dire, la
ville en état de siège. On en fut quitte pour la peur,
il n'y eut pas la moindre alerte.

La panique passée, les ennemis de la démocratie
essayèrent de rejeter sur la population de Brioude les
faits et gestes de quelques forcenés, désavoués par
tous. Bien plus, ceux-là mêmes qui avaient si longtemps chauffé les travailleurs contre les droits réunis,
qui, le jour même des événements, n'avaient rien fait
pour empêcher et arrêter à temps le mouvement, n'y

voyant dans le début qu'une leçon à donner à un ancien royaliste, odieux à tous par sa fiscalité, ses manières acerbes, ses vexations de toutes natures, ceux-là calomnièrent plus tard notre ville ; ils dirent que le peuple voulait de chez M. Jaccas aller piller les maisons des riches.

Cette calomnie a fait son chemin. Notre ville n'a jamais eu, à aucune époque, d'autre émeute que celle-ci, qui fut exagérée après coup, par des gens désireux de se donner l'honneur de l'avoir réprimée. Sous tous les régimes, elle est restée étrangère aux luttes, aux soulèvements, aux agitations qui ont troublé tant d'autres grands et petits centres de population ; et pourtant sa population est signalée, dénoncée, regardée comme la plus révolutionnaire, la plus indisciplinée, la plus turbulente de toutes les populations.

Les habitants, dont la majorité se compose de cultivateurs, se sont montrés toujours, il est vrai, indépendants, peu disposés à obéir aux volontés des fonctionnaires du crû ou du dehors, qui voulaient leur imposer des candidats, et assez éclairés pour défendre, par les moyens légitimes, leurs intérêts et leurs droits contre leurs ennemis; *inde iræ.* Contre les bulletins de vote et la résistance légale, la force, l'arbitraire, l'hypocrisie sont impuissants. Brioude ne se soumettant pas au joug, ne peut donc qu'être mal noté.

Quelques temps après, la réapparition des *rats de cave* et de l'exercice auquel on soumit de nouveau les contribuables, firent naître un peu d'agitation. Un rassemblement fort inoffensif, dans lequel on criait à

bas les *rats*, fut transformé en une émeute républicaine. La garde nationale, tout entière sous les armes,
croisa, en plein jour, la baïonnette contre les préten-
dus insurgés ; la musique dégaîna ; le maire Salveton
empoigna lui-même un vieux paysan, peu dangereux,
et la gendarmerie exécuta des charges très brillantes
dans les rues de Brioude où l'on pourchassait les
femmes, les enfants. En fin de compte, il n'y eut ni
morts, ni blessés, ni prisonniers ; ce ne fut que ridicule.

La charte baclée le 14 août 1830 avait peu modifié
l'ancienne constitution ; elle maintenait la pairie héré-
ditaire, décidait que les députés seraient élus par des
collèges électoraux dont l'organisation serait déter-
minée par les lois, et devraient avoir trente ans, en
réunissant les conditions exigées par la loi.

Ce fut en avril 1831 que fut terminée et promulguée
la loi électorale. En voici les principales dispositions :
Pour être électeur, il fallait payer 200 francs de contribution, ou 100 francs si on était membre de l'Institut
ou officier avec 1,200 francs au moins de traitement,
et être âgé de vingt-cinq ans. Si le nombre des électeurs compris dans une circonscription n'atteignait
pas 150, les plus imposés parmi ceux qui ne payaient
pas 200 francs étaient adjoints aux premiers. Les électeurs présents nommaient le président et le bureau du
collège électoral, présidé à l'ouverture par un président et des membres que leur âge désignait. Les
députés ne devaient toucher ni traitement, ni rétribution ; ils devaient avoir trente ans et 500 francs de
contribution. Ce fut le 29 décembre seulement, que
l'hérédité de la pairie fut supprimée par une loi qui

portait que les pairs seraient choisis par le roi dans des catégories spécifiées, et qu'aucun traitement, dotation ou pension ne serait désormais attaché à la dignité de pair.

Dans les premiers jours de juillet, les élections eurent lieu d'après les prescriptions de la nouvelle loi. Le département de la Haute-Loire avait trois députés à nommer, pour Le Puy, Brioude et Yssingeaux. Le nombre des électeurs était de 442 (216 au Puy, 121 à Brioude, 105 à Yssingeaux). M. Georges Lafayette fut nommé, à une immense majorité, député dans l'arrondissement de Brioude. Celui du Puy nomma M. Bertrand. Berryer fut élu dans l'arrondissement d'Yssingeaux. MM. Berryer et Georges Lafayette que Coulommiers avait toujours envoyé à l'Assemblée optèrent pour un autre collège.

M. Mallye père, candidat de l'opposition, remplaça M. Georges Lafayette, qui, avec le parti républicain, appuya cette candidature, et il fut siéger à la gauche modérée. Ses concurrents eurent peu de voix. A Brioude, sur 159 électeurs votants, M. Mallye avait obtenu 86 voix ; M. Pascon, 31 ; M. de Talayrat, 29 ; M. Pellet-Magaud, 8 ; M. Denier, 1 ; M. Salveton, 1.

En 1831, l'anniversaire de la Révolution est célébré d'une manière brillante. Un arbre de la Liberté est planté au Postel. Toutes les autorités et la garde nationale assistent à la plantation de cet arbre, symbole de la souveraineté populaire. Des danses publiques, auxquelles prirent part le colonel Desgardes et quelques autres représentants de la garde nationale et du pouvoir, et les discours de rigueur, accompagnèrent la cérémonie.

Ce jour-là, du reste, on célébrait aussi la nouvelle d'une victoire remportée par les Polonais, nouvelle mensongère que le gouvernement avait jetée au pays, pour réchauffer l'enthousiasme, déjà éteint, de la garde nationale de Paris.

Dans cette guerre où l'héroïque Pologne, abandonnée par la France, allait verser tout son sang pour redevenir indépendante et libre, Brioude était représenté par un de ses enfants, le docteur Charreyre, qui, avec plusieurs élèves des écoles de Paris, avait été se mettre à la disposition de nos frères du Nord.

Ce fut la dernière fois que les républicains célébrèrent l'anniversaire des trois jours.

Tant de déceptions, de hontes, de mesures réa·tionnaires, accompagnèrent la victoire populaire ; les conséquences de la Révolution de juillet furent si complètement anéanties, qu'ils n'avaient plus qu'à pleurer en silence leurs morts, en s'inspirant de leur exemple et se préparant à les venger.

Les destitutions n'avaient pas tardé à frapper les hommes de Juillet qui n'avaient pas passé avec armes et bagages à l'orléanisme. Baptiste Grenier, avocat général, et Arthur Mallye furent révoqués. Le premier n'avait pas parlé avec assez de violence dans l'affaire de la *Glaneuse* contre le rédacteur républicain, qui fut acquitté.

Un banquet fut offert aux deux destitués et à MM. Georges Lafayette et Mallye père, députés. Des toasts et des discours, des plus énergiques, des plus radicaux, signalèrent cette réunion. Ceux qui se distinguèrent par l'exaltation de leur langage, et qui depuis..... mais alors ils étaient républicains.

furent d'abord les deux membres du parquet révoqués, Baptiste Grenier et Arthur Mallye, ensuite, Marsal (père), avocat, qui fut quelque temps après substitut à Saint-Flour, et Pissis, de Paulhaguet, vérificateur.

L'opinion à Brioude était alors radicale. Dans les premiers jours d'août, le parti républicain était nombreux, puissant dans la France. Il pouvait encore, par son courage, son dévouement, son importance, renverser le gouvernement. Aussi, beaucoup de gens, qui, plus tard, devaient se jeter à corps perdu dans le *juste milieu,* ou ont répudié le nom de républicains quand les républicains ont été vaincus, faisaient de l'opposition violente au gouvernement de Louis-Philippe, sympathisaient, marchaient complètement avec nous. Déjà les républicains savaient à quoi s'en tenir sur quelques-uns.

Dans la même année, un autre banquet avait réuni 120 républicains, sous la présidence du colonel Desgardes.

Les polonais étaient vaincus. L'ordre régnait à Varsovie, avait dit Sébastiani à une tribune française, et les nobles exilés de la Pologne venaient demander un asile et du pain à cette France, pour laquelle ils avaient combattu, versé leur sang. Un nombreux détachement d'officiers polonais devait passer à Brioude. Aussitôt une fête démocratique fut organisée ; Tous les habitants vont à leur rencontre, les embrassent, les emmènent chez eux, aux cris de : vive la Pologne, vive la France, vive la liberté, en chantant la *Marseillaise* et la *Varsovienne.*

Le soir, un banquet leur est offert. Là encore, les

chants nationaux de la Pologne et de la France retentissent, et les toasts, les discours les plus patriotiques sont prononcés au milieu des acclamations générales. Les orateurs furent Paul Maigne, Arthur Mallye, le colonel Desgardes, Amédée St-Ferréol, qui but à la souveraineté du peuple. On remarqua l'absence d'un certain nombre de ceux qui, un an avant, avaient fait signer une liste de souscription en faveur des polonais, notamment MM. Salveton, Bonne-Chevant, les Denier, les Reynaud.

Le 23 juin 1832, le duc d'Orléans, accompagné de ses aides de camp, le général Baudrand, le général Marbot, le colonel Boyer, passa à Brioude. C'était peu de jours après les journées des 5 et 6 juin où une poignée de vaillants républicains combattirent toute l'armée de Louis-Philippe, et moururent pour la liberté sur les barricades de Saint-Méry.

La victoire était restée au gouvernement, mais les résultats n'en étaient pas encore appréciables et le parti républicain était toujours puissant. Les partisans du juste milieu célébrèrent seuls l'arrivée de leur prince, et encore ils étaient en si petit nombre que sans le renfort de troupes, de fonctionnaires, de dévoués, qui leur vinrent du Puy, ils n'auraient pu organiser ni bal, ni banquet. Le banquet fut donné par souscription forcée à l'hôtel Aussandon, où logeait le prince, car la sous-préfecture n'était pas encore achetée par le département. Presque aucun des jeunes gens et des dames de la ville n'assistèrent au bal. Mallye, Paul Maigne, Thomas se gardèrent bien d'y paraître. Le prince d'Orléans dansa un quadrille avec Mme Dupuy, ayant pour vis-à-vis M. Dupuy, préfet, et Mlle Bonne, fille du sous-préfet.

M. Dupuy, notre concitoyen, alors préfet de la
Haute-Loire, était allé attendre le prince à la limite
du département et du Cantal et l'accompagna jusqu'à
Brioude, escorté de soixante gardes nationaux et de
vingt-cinq gardes d'honneur du Puy.

Réunie à la garde nationale de Brioude, la troupe
fit halte entre les maisons Missonnier et Borne, et
le prince s'étant arrêté sous un arc de triomphe,
placé entre ces deux maisons, fut complimenté par
M. Bonne-Chevand, sous-préfet, et par M. Salveton,
maire.

Après s'être reposé à l'hôtel, il fut recevoir au
palais de justice tous les corps constitués et les principaux fonctionnaires du Puy, de Brioude, d'Yssingeaux. Les chefs de corps furent invités à déjeûner
par le général Baudrand. Pendant le repas, M. de
Talayrat fit les honneurs de la ville et parla pour tout
le monde. A propos de demandes pour la ville, il
dit au prince : nous comptons sur votre appui, vous
ne devez trouver de cruels ni chez les belles, ni chez
les ministres. Le prince ne répondit pas.

Ayant répété plusieurs fois que le prince devait
venir souvent dans les départements pour faire connaître et aimer la monarchie des d'Orléans, le duc
d'Orléans répliqua avec assez de vivacité : croyez-
vous donc, monsieur, qu'on veuille faire de moi le
commis-voyageur de la maison ? Quelques moments
après, M. de Talayrat ajoutait : pourquoi êtes-vous
prince, nous vous nommerions député. — Ma foi, dit
le prince en riant, quelque flatteur que fût pour moi
un pareil titre, je ne saurais l'être ; je ne suis ni électeur ni éligible.

La foule était assez grande à Brioude, car indépendamment de la venue d'un prince, — ce qui excite toujours la curiosité, — c'était jour de marché; mais aucune acclamation ne retentit sur le passage du prince ; il n'y eut guère pour crier vive le roi, vive le duc, que les fonctionnaires et Alfred Grenier, qui en prit une extinction de voix, comme en avait pris une, qu'il garda toute la vie, M. de Pons père, en s'égosillant à crier vive le roi, en 1815.

Les habitants du Puy étaient furieux. En voyant de petits drapeaux blancs flotter à un grand nombre de portes, ils avaient cru à une manifestation royaliste, et abattirent plusieurs de ces drapeaux qui n'étaient que l'enseigne habituelle de nos débitants de vins. L'attitude de la population, qui fut très froide quoique polie, les affecta désagréablement aussi ; on leur avait dit, du reste, qu'on les recevrait à coups de fusils. Quelques discussions eurent lieu ; une rixe en plein café, arrêtée par quelques amis communs, faillit avoir lieu entre MM. Paul Maigne et Dubois Robert, un des officiers des gardes d'honneur, qui avait été blessé de la manière dont M. Paul Maigne, qu'il connaissait beaucoup, lui avait offert un logement.

Le duc d'Orléans, avant de quitter la ville, donna pour les pauvres 300 francs à MM^{mes} St-Ferréol, mère, et Annette Dalbine, en les priant de les faire distribuer de suite.

L'opposition de gauche, appuyée par les républicains, triomphait dans toutes les élections. La garde nationale ayant été réorganisée, les officiers furent tous pris dans le parti avancé ; c'étaient Léon Beck, Jean Faugères, Frédéric Grenier, Grenier aîné, Joseph

Thomas, Souligoux (du Postel), Alezard, Facy-Beron,
Chouvet (adjudant), Desgardes, Gresse, Paul Maigne,
Rabany Fantou, Morin, Amédée St-Ferréol. A
Paul Maigne, la réaction, composée de presque tous
ses parents et anciens amis, les Grenier, notaire,
Salveton, Vernière-Borel, Touchebeuf, opposèrent,
sans succès, un étranger, M. Valeix, receveur des
finances.

A peu près à cette époque, une agitation plus
vive que les autres faillit amener des troubles sérieux,
le peuple refusa décidément de se laisser exercer par
les rats de cave. Aussitôt les autorités font battre le
rappel pour rassembler la garde nationale ; mais cette
fois, la garde nationale avait compris qu'elle ne
devait pas servir d'instrument à un pouvoir qui avait
trahi tous ses serments ; qu'elle n'était pas faite pour
opprimer les citoyens et servir de sbires aux droits
réunis. Personne ne répondit à l'appel; le père de Jean
Faugères, âgé de 80 ans, mit les baguettes du tambour de ville dans sa poche. Le soir, des dépêches
partaient dans toutes les directions. Le lendemain, la
ville était en état de siège. Toutes les brigades de
gendarmerie de l'arrondissement, un escadron du
6ᵉ hussards, quatre compagnies de la ligne occupaient
militairement Brioude, et protégaient les visites des
employés des contributions indirectes. Alors, il y eut
des arrestations et quelques condamnations. La garde
nationale fut dissoute, désarmée, et les armes appartenant à la ville furent transportées à Saint-Etienne.

En 1833, les élections municipales amenèrent les
républicains à l'hôtel-de-ville. MM. Paul Maigne,
Arthur Mallye, Joseph Thomas, Desgardes (le colonel) furent élus à une forte majorité.

Ces élections, qui éliminaient tous les anciens conseillers, mirent fin à la déplorable administration de M. Salveton.

Ce maire, d'une faiblesse et d'une négligence extrêmes, avait provoqué toutes les mesures de rigueur qui venaient de frapper la ville, appelé des troupes, fait dissoudre la garde nationale, laissé enlever les armes qui appartenaient à la ville, exposé la commune à payer ce qu'elle ne devait pas, augmenté la dette, et, par incurie, mis pas mal de désordre dans les finances.

M. Bonne-Chevand, sous-préfet de Juillet, fut à son tour révoqué, moins à cause de la tâche originelle, car il l'avait bien effacée, que par suite de son peu d'aptitude pour l'administration, et remplacé par M. Brunel, un des étudiants compromis à Belfort, sous la Restauration, mais devenu orléaniste, ce qui ne l'empêcha pas d'être, bientôt après, destitué aussi.

C'est un ou deux ans après que nos sous-préfets furent s'installer définitivement dans les bâtiments mis à leur disposition par le conseil général du département. Auparavant, ils avaient leurs bureaux et donnaient leurs audiences dans leur domicile particulier.

Les divers sous-préfets qui ont passé à Brioude pendant la monarchie de Juillet sont : MM. Bonne-Chevand (révoqué), Brunel (id.), Boisjolin (révoqué plus tard), baron Jeannin, petit-fils du conventionnel David, Pellet (intérimaire), Bost, Lagarde, Eugène Couguet (révoqué à la Révolution de 1848.

En dehors des questions religieuses, l'administration municipale ne s'était guère occupée des travaux d'utilité publique dont la ville pouvait avoir besoin. C'était des églises que nos anciens libéraux paraissaient avoir cure. Il est vrai qu'au conseil de fabrique se trouvaient des membres, comme mon père et M. Pascon, qui s'attachaient spécialement à tout ce qui touchait au culte. Ce furent eux qui contribuèrent surtout à la construction de la nouvelle sacristie, qui joint la grande église au couvent de Saint-Joseph, et à la place de laquelle beaucoup auraient voulu, comme nous, voir ouvrir à travers la maison Grenier-Granchier, une rue qui aurait isolé, au nord, notre belle basilique.

CHAPITRE XII

MA VIE D'ÉTUDIANT

Après la révolution de Juillet, dans les deux premières années dont je viens de parler, j'étais resté à Paris, faisant mon droit et commençant mon stage d'avocat. Je ne m'y étais point trouvé cependant aux journées de juillet 1830, ni à celles de juin 1832, par raison de santé d'abord, à cause, plus tard, du choléra, qui, pour la première fois, apparaissait à Paris, où il éclata avec une violence extrême. J'étais de retour à Brioude, ne prévoyant nullement, pas plus que personne, les journées qui devaient voir la victoire du peuple sur la monarchie et la défaite des républicains par la monarchie.

Après comme avant 1830, c'était au café Procope, au café *Voltaire* et dans une pension tenue par M. Roussial, un vieil avocat qui avait connu mon père à Paris et dont la famille était de nos pays, que je passais mes soirées, avec mes amis et connaissances de Brioude, de la Haute-Loire et des départements voisins, d'opinions politiques diverses : c'étaient mes cousins Daude, Alphonse Baduel, Hippolyte Torrette, (de St-Flour), et Amable Couguet (de Brioude), Joseph Thomas, Arthur Mallye, Adrien Torsiac, Alfred Grenier, Adrien Héraud, Emmanuel Déjax, Arfeuille, employé à la préfecture de la Seine (de Brioude aussi), Chauchat et Pascon (de Langeac), Véro, Aymard, de Paron, Fontfrède (du Puy), Maillargue, Beauluisant, Moulin, Arthur Malo, Emile Redon (du Puy-de-Dôme), Chaumouroux (d'Yssingeaux).

En dehors de ces relations toutes naturelles, ces réunions ordinaires, où l'on ne s'occupait guère que des affaires du pays natal ou des incidents de la vie d'étudiant, n'empêchaient pas chacun de nous de se mêler au mouvement politique du moment, suivant ses opinions. J'étais, pour mon compte, affilié à la *Société des amis du peuple,* dont Raspail, Blanqui étaient les principaux chefs, avec Emile Redon et Hector Malo, Sambuc, Lenoble, dont je n'ai plus entendu parler, Danton, un parent du célèbre conventionnel, et où je me souviens d'avoir vu pour la première fois Mathé et Madet (de l'Allier), qui furent mes collègues à la Législative, Toussaint Bravard, commissaire après 1848 du gouvernement provisoire dans la Haute-Loire, Trélat et Guinard, que je devais connaître plus tard, Godefroid Cavaignac. Cette société n'avait pas encore un grand nombre d'adhérents parmi les étudiants qui, surtout ceux de l'école de médecine, étaient républicains mais peu disposés à conspirer. Au moment du procès des ministres de Charles X, un grand nombre d'étudiants portant leur carte au chapeau, parcoururent les rues de Paris, invitant au calme, à la modération, les groupes populaires qui réclamaient la mort des ministres. Nous étions dans les rangs, étant de ceux qui ne voulaient pas que la peine de mort fût appliquée aux crimes et délits politiques. Mais nous fûmes aussi de ceux qui demandèrent, sans succès il est vrai, qu'on refusât les invitations faites, après que les troubles eussent cessé, par Louis-Philippe, à un certain nombre d'étudiants choisis par la voie du sort, d'aller dîner aux Tuileries.

Ce fut en simple spectateur que je fus assister au sac de l'archevêché que le gouvernement laissa s'accomplir, en ne faisant pas intervenir la force armée, voulant ainsi punir l'archevêque d'avoir célébré une cérémonie religieuse en l'honneur des Bourbons, l'anniversaire de la mort de Louis XVI, croyons-nous. La première personne que j'aperçus au milieu des démolisseurs, fut un brivadois, Borel, fils d'un imprimeur de Brioude, qui apprenait son état à Paris. Ce fut d'ailleurs un étrange spectacle que le nettoyage de l'archevêché. Les grilles jetées bas, les portes enfoncées, la foule se rua dans les appartements, jeta dans la rue et dans la Seine, qui bientôt fut couverte de débris, les meubles, tapisseries, tentures, qui s'y trouvaient ; et les loustics, s'étant revêtus des chapes, chasubles, ornements sacerdotaux, robes de prélats et même de femmes qu'on y découvrit, se promenèrent ainsi dans Paris, au milieu des rires joyeux du public, au nez des gardes municipaux impassibles.

Il y avait à ces époques des émeutes à propos de rien, à propos de tout. On allait à l'émeute comme à un spectacle. Aussi les gardes nationaux qu'on appelait les boutiquiers, convoqués plus souvent qu'à leur tour, pour faire des patrouilles, des perquisitions, des prises d'armes, étaient furieux et ils le prouvèrent aux journées de juin, où certaines compagnies, celles de la banlieue surtout, se montrèrent véritablement enragées de modération, le drapeau d'alors, en fusillant les vaincus du cloître Saint-Méry.

Les étudiants républicains manifestaient de leur côté, mais d'une manière plus pacifique leurs opinions. Nous allions aux bals masqués de l'Odéon, travestis en faubouriens de 93, avec le bonnet rouge ; c'est celui dont je m'étais coiffé alors, que je plaçai, en 1848, sur l'arbre de la liberté planté au Postel, et qui fut déchiré quand l'arbre fut abattu par la réaction.

Dans les premiers mois qui suivirent la Révolution, les étudiants étaient d'ailleurs les maîtres dans le quartier Latin où la police n'osait guère intervenir. Aux bals de l'Odéon, par exemple, Toussaint Bravard, Trapenard (du Cantal), Vacher-Degris (du Puy-de-Dôme), et autres auvergnats des plus vigoureux, mettaient au besoin les sergents de ville à la porte.

Ce fut pendant les dernières années de la Restauration que j'entendis parler du socialisme, qui, après la Révolution de Juillet, prit un grand essor sous des formes diverses. Fourier, St-Simon, Owen, avaient écrit des ouvrages, formulé des doctrines qui avaient eu du retentissement dans Paris surtout, soulevé de vives polémiques, et étaient propagées, prêchées, on peut le dire, par des disciples enthousiastes, convaincus, éloquents, qui avaient formé de véritables associations d'un nouveau genre. Les fourriéristes voulaient faire de toutes les communes des phalanstères, où le travail et ses produits, les charges et les bénéfices, fussent répartis entre tous, proportionnellement à la capacité, aux besoins, au travail.

Considérant devint plus tard le chef des phalans-
tériens, dont notre collègue Cantagrel fut un des
apôtres. Les St-Simoniens, dont Bazard et Enfantin,
qui se séparèrent ensuite sur la question de la *Femme
libre*, étaient les directeurs suprêmes, des espèces de
papes, laissaient à la société, représentée par certains
élus, le droit de distribuer le travail selon les forces
de chacun, en mettant en commun les produits. Après
avoir fait, dans la rue Taitbout, de l'enseignement
dans des réunions, appelées depuis des conférences,
ils fondèrent, à Ménilmontant, une maison mère, un
couvent laïque, ou, ayant pris un costume de fantaisie,
tunique bleue, pantalon blanc, béret bleu bordé de
rouge, ils appliquaient leur doctrine, exerçant chacun
un métier.

Le socialisme d'Owen, un anglais, était le commu-
nisme que, sur la fin du règne de Louis-Philippe,
Cabet formula d'une manière plus précise dans son
Utopie de l'Icarie. Alors aussi, Pierre Leroux, ancien
St-Simonien, Louis Blanc, Comte, Collins, emprun-
tèrent à ces divers systèmes leurs théories socialistes
et les vulgarisèrent par la presse.

J'allais entendre assez souvent, à la salle Taitbout,
les St-Simoniens, dont les principaux orateurs étaient
Barrault, Michel Chevalier ; mais l'établissement de
Ménilmontant, où d'ailleurs je n'aurais jamais eu aucune envie de me claquemurer, n'était pas encore
ouvert.

Je fus aussi pendant quelque temps assez assidu à
un cours d'histoire et de métaphysique fait par
Buchez, qui était dans son cours comme dans son
histoire parlementaire, assez obscur, difficile à comprendre.

J'eus le plaisir d'assister à d'autres genres de réunions, chez M. Civial, qui, n'ayant pu réussir comme médecin à Brioude, où il était venu résider et s'était marié, avait quitté notre ville pour Paris, où il avait conquis une position brillante. Il avait inventé ou perfectionné la lithotricie dont il faisait les opérations avec une habileté exceptionnelle, et aspirait à arriver à l'académie de médecine, qui, peu de temps après, lui ouvrit ses portes.

Il recevait beaucoup de célébrités. François Arago, qui, comme savant et homme politique, a joué un rôle si important, son fils Emmanuel, mon futur collègue à la législative, son frère Etienne, mêlé à toutes les conspirations, à toutes les résistances contre la Restauration, la monarchie de juillet, le second empire, y dînaient quelquefois ainsi que Chatelain, le directeur du *Courrier Français*. A ces dîners, la conversation était des plus intéressantes ; j'y gagnais de toutes manières.

Quelques mois après la Révolution de Juillet, quand je revins des vacances à Paris, le général Lafayette était encore commandant général de toutes les gardes nationales de France. On lui avait donné cette position pour l'attacher, croyaient les habiles de l'orléanisme, à la monarchie de Juillet, qu'il aurait pu empêcher de fonder, bien qu'il n'y eût pas contribué, n'ayant pas du haut du balcon de l'hôtel-de-ville, comme l'ont publié certains historiens, présenté le duc d'Orléans aux parisiens, en disant *voici la meilleure* des Républiques.

Je fus invité par M. Georges Lafayette à un grand bal donné à l'état-major de la place. C'était à coup sûr la fête la plus splendide que je voyais. Tous les grands corps de l'Etat et toutes les fractions du parti vainqueur, se trouvaient réunis, au milieu de charmantes jeunes femmes, dans des appartements somptueusement décorés. Nous étions bien en pleine monarchie quoique chez un général républicain.

Peu de temps après, le général Lafayette, le général Lamarque, Dupont (de l'Eure) Arago, étaient, dans l'opposition, regardés comme de dangereux révolutionnaires par le roi populaire, qui écarta même de ses conseils Lafitte, à qui il devait tant, de toutes manières.

CHAPITRE XIII

MA JEUNESSE POLITIQUE A BRIOUDE

Installé définitivement à Brioude, je me fis inscrire au barreau, pour continuer mon stage, qui fut bientôt terminé, les avoués n'ayant pas cru me devoir confier, à cause de mes opinions probablement, le plus petit procès.

Je plaidai une seule fois, au tribunal, dans un procès qui ne fut ni gagné ni perdu, l'affaire s'étant arrangée, et à la justice de paix, pour une question de voirie qui me valut l'inimitié du commissaire de police, que j'avais tourné en ridicule. Aussi bien, si ma robe d'avocat s'est usée, ce n'est pas sur les bancs du barreau, c'est dans les mascarades, la prêtant à qui voulait la prendre.

Je commençais alors à m'occuper, un peu, d'administration, avant même de faire partie du conseil municipal où les jeunes étaient alors difficilement admis, et beaucoup, de politique.

Je devins le correspondant à Brioude du *Patriote du Puy-de-Dôme*, rédigé avec autant de talent que de vigueur par Trélat, devenu bientôt le véritable chef du parti républicain dans les départements du centre de la France. J'écrivis dans son journal, dont j'étais actionnaire, de nombreux articles sur notre arrondissement, et pris part à toutes les souscriptions, toutes les manifestations dont le *Patriote* prenait l'initiative.

Les républicains avec qui je me trouvais à cette époque en relations à Clermont, qui fut bien plus que le Puy notre centre de ralliement, étaient Vimal-Lajarije, Louis Fontmarcel, Astaix et Maradaix (de Beaumont), que je devais retrouver après le coup d'État, proscrits à Genève et à Londres, Boule, Cougoule (d'Aubières), Couthon, fils du conventionnel, Montellier, de Nolhac, St-Rame, Chopard, pharmacien, Lassalas (de Lezoux), Raby (du Pont-du-Château), Brun-Murols, Roussel, tailleur, Hugon, Félix Mathé (de Moulins), alors résidant à Clermont, Juliard (de Lezoux), Camille Abraham, Labessière, Périer, cafetier, Prévost, Duché, Jusseraud.

Deux procès politiques intentés au *Patriote du Puy-de-Dôme* pour délit de presse, et au cercle patriotique d'Aurillac pour délit d'association, devant les assises qui se tenaient à St-Flour, me firent faire connaissance avec les républicains du Cantal. Gazard, condamné plus tard par les commissions mixtes de Louis-Napoléon à la transportation, Mirand, Noailles, Raulhac, Salarnier, Rampon, Folliès, étaient accusés d'excitation à la haine et au mépris du gouvernement, pour avoir placé des inscriptions factieuses à un mausolée élevé en l'honneur des morts de Juillet, et résisté à la police, Trélat, poursuivi pour publication à cette occasion d'articles séditieux. La plupart des prévenus, bien que défendus par les avocats Dupont de Bussac, un de mes futurs collègues de la Législative et d'exil, Delzons, Grognier.

Durif, combattirent eux-mêmes l'accusation avec autant de courage que de talent. Malgré le réquisitoire de M. de Fréminville, procureur du roi, qui venait de Brioude, ils furent tous acquittés.

Avant le départ de nos amis, les républicains de St-Flour leur offrirent un banquet où furent émis les vœux les plus ardents pour l''affranchissement et le progrès de la raison, le triomphe de la liberté. Les républicains de Clermont, d'Aurillac, de Brioude, de Bord, de Riom, qui assistaient à cette réunion comme aux débats, en emportèrent, dit le compte-rendu du procès, la conviction satisfaisante que les patriotes de tous les pays s'entendaient (c'était en 1837) sur les mêmes formules pour le bonheur du pays.

Dupont de Bussac faisait partie de cette phalange d'avocats qui prêtaient avec tant de désintéressement, d'éloquence, le secours de leur parole à toutes les justes causes, et parmi lesquels brillaient alors au premier rang, Ledru-Rollin, Ledru, Jules Favre, Joly, Théodore Bac, Laissac, Crémieux, Marie, Moulin, Michel (de Bourges).

Dans les départements, les républicains se reliaient à toutes les sociétés d'opposition qui, sous des noms divers, se créaient à Paris. De Brioude, je fus affilié, d'abord à la *Société des droits de l'homme,* puis à l'*Association en faveur de la liberté de la presse* dans le comité central duquel se trouvaient Voyer d'Argenson, Etienne Arago, Bethmont, Cabet, Godefroid Cavaignac, Cormenin, Marchais, Armand Marrast, Mathé, Thomas, et autres délégués de divers départements : à l'*Association dijonnaise* contre les impôts

sur les boissons et le sel ; à celle de la réforme électorale, à la tête de laquelle étaient François Arago,
Martin (de Strasbourg), Dornès, Recurt, Dupoty, réclamant alors seulement l'adjonction des *capacités* aux
censitaires ; plus tard, au comité électoral qui, sous
l'impulsion de Ledru-Rollin surtout, fit signer dans
toute la France des pétitions demandant que tout
citoyen fût garde national, que tout garde national
fût électeur, et prépara l'avènement du suffrage universel, que donna à la France la Révolution de
Février.

Après cette révolution, je continuais de demeurer
en communion avec les démocrates de Paris. Je me
mis en relations avec le comité central des démocrates socialistes, dont faisaient partie Proud'hon,
Raspail, d'Alton Sée, Pierre Leroux, Cabet, Lagrange, Caussidière, Barbès, et qui présenta et
soutint la candidature de Raspail à la présidence de
la République ; je fus de la dernière section des sociétés secrètes, qui comptait parmi ses membres
Étienne Arago, Albert, Desmoulin, Flocon, Pilhe,
Fargin Fayole et Desmaison, que les journées de juin
1849 et le 2 Décembre jetèrent dans les prisons d'État
ou sur la terre étrangère, Lhéritier (de l'Ain), Cahai-
gne, Gallois, de vieux conspirateurs.

Ma mission consistait principalement à recueillir
des souscriptions, abonnements, actions, signatures,
pour les journaux et pétitions du parti républicain.
Pour moi, je donnai ma contribution, en devenant
actionnaire de journaux radicaux, le *National* de
1844, rédigé par Dornès, Duras, Bastide, Trélat,
Duclerc, Thomas Charles, Armand Marrast ; le

Peuple, dont les rédacteurs étaient Dupoty, Godefroid Cavaignac, Dubois, et à qui Dumont (de Langeac) et moi envoyions des articles ; la *Réforme* de 1845, dirigée par F. Arago, Etienne Arago, Baune, Dupoty, Flocon, Guinard, Joly, Ledru-Rollin, Louis Blanc, Schœlcher, et la *Tribune*, d'Armand Marrast.

Cette propagande de tous les jours portait ses fruits. Ce n'était pas dans les élections seulement qu'à Brioude comme ailleurs les républicains montraient leur force. Toutes les fois que l'occasion s'en présentait, ils proclamaient publiquement leurs opinions par des manifestations politiques. Aux anniversaires des glorieuses journées de Juillet, ils allaient le crêpe au bras, autour de l'arbre de la liberté planté sur la place du Postel, prononcer des discours patriotiques et chanter les hymnes nationaux, la *Marseillaise* et le *Chant du départ* ; mais une pareille manifestation devint bientôt un crime. On faillit arrêter, en juillet 1833, ceux qui la firent, comme cela avait eu lieu à Aurillac. Dans le carnaval de 1834, une mascarade politique amena des poursuites contre les jeunes gens du parti républicain. Un certain nombre d'entre eux avaient cru pouvoir donner aux habitants de Brioude une représentation d'une mascarade, où l'on voyait des paillasses, des catins, des arlequins, entourant une énorme poire.

Bien qu'ayant été affilié à quelques-unes des sociétés secrètes du gouvernement de Juillet, dont les chefs les plus connus furent Godefroid Cavaignac, Armand Barbès, Blanqui, Martin Bernard, Beaune, Lagrange, Caussidière, Lebon, Raspail, que je ne devais connaître qu'après Février, je n'ai pu prendre.

habitant Brioude, aucune part active aux conspirations, aux prises d'armes qui, si elles ne mirent pas
en péril le trône de Louis-Philippe, l'ébranlèrent, en
montrant que le parti républicain était toujours viva
nt, actif, sur la brèche.

Même lorsque nous fîmes notre mascarade en 1834,
nous ne songions guère à nous associer de loin aux
troubles de Lyon et à l'entreprise de Ramorino en
Italie. C'était tout simplement une manifestation cha-
rivaresque, dont nous avions pris l'idée dans la *Caricature* de Philippon, qui avait incarné le roi bourgeois
dans une poire devenue légendaire.

Nous y avions mis en scène cette poire entourée
de tous les grands personnages du règne, avec les
attributs et les emblèmes dont Grandville et Daumier
les avaient si drôlement affublés. On y voyait le duc
d'Orléans, dit le *grand Poulot,* monté sur un cheval
de bois ; Persil, le demandeur de têtes républicaines,
brandissant une scie ; le maréchal Lobau, dit *Lance-
lot,* parce qu'il avait fait dissiper un rassemblement
par des pompiers, ayant une seringue à la main ; le
petit Thiers, qu'on disait n'être que le tiers d'un
grand homme, costumé en Napoléon ; le ministre
des finances, Humann, en brigand de la Calabre, demandant la bourse ou la vie ; la Chambre des députés
sous la figure d'une prostituée, comme l'avait quali-
fiée un journaliste condamné pour cela ; puis des pier-
rots et des charlatans faisant chacun leur boniment.

C'était Soule, aujourd'hui capitaine retraité, qui
était Lobau, et qu'au cercle des pommes de terre on
appelle ainsi parfois maintenant ; Jean Faugère, les
manches retroussées, un tablier de boucher taché de

sang, représentait le *père-scie;* Tabouret, coiffeur, qui n'a pas grandi depuis, était tout taillé pour figurer Thiers, dont le nom lui est resté ; Jules Maigne, alors à peine au sortir de l'enfance, faisait, avec sa longue chevelure flottant sur les épaules, sa figure imberbe, la fille en chambre qui n'a rien à refuser au pouvoir ; caché dans une énorme poire, qu'à la fin de la soirée nous fîmes brûler dans un feu de joie au Postel, je distribuais, à l'imitation du chef de l'Etat, toujours avec un nouveau plaisir, force croix d'honneur en galette et poignées de main, à la foule qui se pressait autour du char orné de riflards, où j'étais traîné par des bœufs.

Cela fit plus de bruit que nous ne pouvions le prévoir. L'insurrection de Savoie venait alors d'éclater, et dans quelques villes frontières il y avait eu des mouvements populaires. Grenoble avait eu aussi sa mascarade politique suivie de troubles réprimés par la troupe. M. Guizot, à la tribune de la Chambre des députés, nous fit l'honneur d'élever la nôtre à la hauteur d'une insurrection et de la rattacher au soulèvement de la Savoie et à l'invasion romaine.

Nous nous étions rendus coupables d'un acte d'opposition sans gravité, qui n'était pas même un délit, puisque la *Caricature,* où nous avions pris le sujet de notre mascarade, n'avait pas été poursuivie. Décrétant l'inviolabilité des sujets masqués, le juge d'instruction Vernière (d'Issoire) lança des mandats de comparution contre les coupables de lèze arlequinades, Léon Beck, Souligoux, Belmont, Soule, Tabouret, Magaud, Delair, Doniol, Faugère, Julien Lamothe, Jules Maigne, Albert Bonnet, Amédée

St-Ferréol; il comprit même dans les poursuites Raynard et Alphonse Monestier, qui ne s'étaient pas masqués, mais dont le dernier surtout était suspect, parce qu'aux journées de juin il avait été pris dans une rafle d'étudiants et mis en prison, bien qu'il ne se fût pas mêlé aux combattants à la tête desquels Jane fut si héroïque.

L'instruction fut dirigée dans ce sens, et ce fut sans rire que M. Vernière demanda aux prévenus s'ils n'avaient pas reçu des ordres et des costumes de la *Société des droits de l'homme,* pour faire leur manifestation charivarico-politique, et s'ils n'étaient pas des conspirateurs déguisés, en correspondance avec ceux de Savoie, de Lyon, de Grenoble, d'Aurillac, qui leur auraient envoyé leurs costumes. Nous lui répondîmes, avec le plus grand sérieux, que non-seulement notre manifestation masquait un complot, se rattachait aux évènements de la Savoie, mais encore avait provoqué l'insurrection de Lyon, qui n'avait éclaté que quelque temps après ; que c'était notre mascarade qui avait fait naître tous les troubles qui venaient d'éclater. La chambre de conseil de Brioude trouva que nous étions de très grands coupables ; mais la chambre d'accusation de Riom recula devant le ridicule d'une pareille poursuite. Un arrêt de non lieu nous mit tous hors de cause et de procès.

Je fus plus tard aussi ridiculement compromis un moment, dans l'attentat de Fieschi, dont je n'avais jamais entendu parler, et avec lequel un seul de mes amis, Toussaint Bravard, s'était trouvé un jour en relations, parce qu'il avait eu un duel avec lui, je ne me souviens plus pour quelle cause. Ce fut sur la

dénonciation d'un commissaire de police qui y voyait
moins long que son nez, qu'il avait assez long, et
n'avait pu me pardonner de m'être moqué de lui dans
un procès de simple police. Les républicains, voulant
se distinguer des philippotards, avaient adopté pour
leurs cocardes et leurs drapeaux tricolores, lorsqu'ils
avaient à les arborer, une disposition des couleurs
rouge, blanche et bleue, autre que celle en usage
dans l'armée et dans le civil, semblable d'ailleurs
aux couleurs nationales de la grande République.
J'avais commandé un certain nombre de ces cocardes
à la mère Cartal, couturière et marchande de tabac,
dans le bureau de laquelle le commissaire Pons
venait fumer, quand il ne pouvait pas faire fumer les
autres.

MM. Vernière, juge d'instruction, Lussigny, procureur du roi, Bagès, commis greffier, et Pons, commissaire de police, surnommé *Pilate,* vinrent faire
chez moi en 1835 une visite domiciliaire. La police et
la justice avaient conclu que je comptais sur la réus-
site à Paris de l'attentat cousu à Brioude avec du fil
non pas blanc mais tricolore, me préparant à décorer
de nouveaux insignes les complices de Fieschi, Morey
et Pepin, qui n'en avaient point. Cette visite, pas plus
que l'interrogatoire que j'eus à subir, ne firent rien
découvrir à ma charge, bien entendu. Il y eut encore
un arrêt de non lieu. Cet arrêt n'a pas empêché un
académicien, M. Ducamp... de Satory, comme l'ont
appelé les journaux républicains à cause de ses dénonciations violentes contre les vaincus de la Commune, de publier dans un de ses ouvrages que j'étais
un des ancêtres de la Commune, étant complice de

Fieschi, ce qu'il s'est engagé d'ailleurs, sur une lettre que je lui ai adressée, à rétracter dans la prochaine édition de son ouvrage.

Un de nos amis, Besson (de Lamothe), ne s'est pas tiré à si bon marché d'avoir fait une partie de billard avec Alibaud, la veille du jour où celui-ci tira sur Louis-Philippe. Il ne fut pas incriminé, inquiété un seul instant, Alibaud n'ayant communiqué à qui que ce soit son projet ; mais il eut tellement peur d'être compromis dans une affaire d'attentat, qu'il en perdit la tête et n'a jamais retrouvé la raison.

Notre petite ville de Brioude jouait, on le voit, son rôle dans tous les complots possibles, bien qu'ils fussent organisés à cent lieues d'elle, sans qu'elle s'en doutât.

Il y eut pourtant un moment où les républicains de Brioude furent dans le courant révolutionnaire, qui, de Paris, de Lyon surtout, se répandit d'un bout de la France à l'autre. Ce fut lorsque la question sociale fut posée à Lyon par les ouvriers, qui, sous la conduite de Beaune, Lagrange, Caussidière et autres, descendirent de la Croix-Rousse les armes à la main, avec leurs drapeaux sur lesquels étaient inscrits ces mots devenus célèbres : « *Vivre en travaillant ou mourir en combattant.* » Cette insurrection des meurt-de-faim contre un gouvernement qui ne cherchait qu'à gorger la bourgeoisie de richesses, d'honneurs, devait se combiner avec celle de Paris et des autres villes, où la *Société des droits de l'homme,* qui y avait des ramifications, devait envoyer le mot d'ordre.

Les troubles éclatèrent au moment où on ne s'y attendait pas, par les provocations de la police. On n'était prêt nulle part; mais on rassembla à la hâte les moyens de défense. Nous nous mîmes en relations avec les sections d'Issoire et de Clermont; des courriers à cheval nous portaient les dépêches. C'était à Clermont d'où les insurgés auraient marché sur Lyon, en faisant la boule de neige, qu'Issoire et Brioude devaient se rendre. Pendant cinq jours nous fîmes des cartouches dans deux ateliers où l'on travaillait sans relâche, chez Léon Beck, puis dans un hangar du jardin de Souligoux, et nous en eûmes bientôt à notre disposition 1,500. Parmi ceux qui travaillaient ainsi et se préparaient avec moi à partir pour Lyon, je citerai Jean Faugère, Léon Beck, Bordeau, plâtrier, Souligoux (du Postel), Charles Lhomme, Bayle, Alluys, Soule, devenu plus tard capitaine, Touchebeuf (Dixain), Villa, chapelier, Delair, bottier, Boyer, teinturier.

Un jour nous crûmes que le moment était venu d'aller au secours de nos frères de Lyon, les ouvriers de la Croix-Rousse. Le bruit avait couru que les issoiriens arrivaient à Brioude en marchant sur Lyon. Les autorités s'étaient enfermées chez elles et avaient perdu la tête. A 8 heures du soir cependant, le conseil municipal avait été convoqué et on lui avait proposé d'organiser une garde municipale. Il y avait pourtant une compagnie de voltigeurs, mais nous comptions sur les soldats, qui détestaient leur capitaine, et parmi lesquels il y en avait deux qu'Alphonse Monestier avait connus à Ste-Pélagie, après les journées des 5 et 6 juin. Ceux-ci nous avaient promis de nous livrer leurs armes et le poste. Ce qu'il y avait à faire c'était de mettre les autorités sous clef, de désarmer la gendarmerie et la troupe, d'armer le plus grand nombre de volontaires possible, et de marcher avec les clermontois et les stéphanois sur Lyon. Les issoiriens ne vinrent pas.

On sait comment tout échoua. Les lyonnais se défendirent seuls, avec un héroïque courage. Ils prirent avec des bâtons, des fortifications hérissées de canons. Mais personne ne vint à leur secours, et ils furent vaincus; le fer, le feu, la mitraille triomphèrent de la vaillance; et l'ordre régna à Lyon sur des monceaux de victimes et sur les décombres des maisons incendiées.

Cette fois du moins nous fûmes oubliés, aucune manifestation publique, aucune preuve matérielle n'ayant pu faire croire à notre complicité même morale. Nous n'eûmes qu'à enterrer la caisse contenant nos cartouches dans le jardin de Souligoux, où elles furent découvertes longtemps après, par un nouveau propriétaire qui plantait ses choux et ne put deviner qui les y avait placées.

Le contre-coup des évènements de Lyon s'était fait ressentir à Paris, St-Etienne, Lunéville, Dijon, Grenoble. A Paris, les sections des *Droits de l'homme* descendirent dans la rue et firent quelques barricades dans le centre de Paris. C'est dans ces mouvements qu'eut lieu le massacre de la rue Transnonin, qui a laissé une flétrissure sanglante sur le nom du général Bugeaud. Nous n'avons point à faire ici le récit de ces tentatives d'insurrection réprimées partout par la force.

Après la victoire vinrent les vengeances des réactionnaires. Tous ceux qui de près ou de loin furent

reconnus ou soupçonnés d'avoir pris part aux évènements d'avril furent décrétés d'accusation et traduits
devant la cour des pairs. Les prévenus arrêtés ou en
fuite étaient plus de cent, parmi lesquels se trouvaient Lagrange, Caussidière, Reverchon (de Lyon),
Beaune, Beaumont, Berrier-Fontaine, G.Cavaignac, de
Ludre, Kersausie, Guinard, Lebon, Armand Marrast,
Recurt, Vignerte, Albert, Landolphe, Maillefer, Mathieu, Clément Thomas, Chancel, Villain. Ils prirent
pour défenseurs tous les avocats et tous les journalistes républicains de Paris et des départements. De
ce nombre étaient Armand Carrel, Coraly, Joly,
Marc Dufraisse, Raspail, Jules Bastid, Blanqui, Jean
Raynaud, Garnier-Pagès (l'aîné), Jules Favre, Pierre
Leroux, Ploque, Martin Bernard, Dupont de Bussac, Lamennais, Voyer d'Argenson, Audry de Puyraveau, Dornès, Ledru, Buonarotti, Étienne Arago,
Cormenin, Laissac, Barbès, Michel de Bourges, Moulin, Landrin. L'Auvergne y était représentée par
Trélat, rédacteur en chef du *Républicain du Puy-de-
Dôme,* Vimal-Lajarije, Bravard, avocat, Imberdis
(d'Ambert).

Les débats furent longs, orageux. Une partie des
accusés refusèrent de se laisser défendre. Les défenseurs protestèrent avec une grande énergie contre la
partialité et la procédure de l'accusation. Trélat et
Michel de Bourges se firent condamner. Pendant le
procès, 29 des prévenus s'évadèrent de Ste-Pélagie.
Ils furent condamnés par contumace, ainsi que la
plupart des républicains prisonniers, à la déportation
ou à plusieurs années de détention.

Après le procès d'avril une détente s'était produite

dans le parti républicain privé de ses principaux chefs. Mais alors les attentats individuels succédèrent aux émeutes et aux insurrections. Jusqu'en 1839, où Barbès, Blanqui, Martin Bernard, qui avaient fondé à Paris les deux nouvelles sociétés secrètes, celles des *Familles* et des *Saisons,* cherchèrent à soulever le peuple dans les journées de mai, il n'y eut plus de troubles dans la rue. Ce fut avec de nouvelles armes que le parti républicain continua la guerre contre la monarchie de Juillet.

Les patriotes de Brioude étaient toujours prêts alors à payer leur quote-part de souscriptions dans les nombreuses amendes de la *Tribune,* du *Journal du peuple,* et autres journaux républicains condamnés à des milliers de francs d'amende et à des centaines d'années de prison. Au nombre des souscripteurs figuraient encore alors MM. Paul Maigne, Joseph Thomas, Arthur Mallye, Maigne *de fer,* Camille Morin, Morange. La dernière souscription qui put être ouverte publiquement fut celle en faveur des enfants de Trélat, après la condamnation de ce vaillant citoyen par la cour des pairs, Paul Maigne ne voulut plus, cette fois, laisser imprimer son nom sur la liste publiée par le *Patriote du Puy-de-Dôme.* Mallye crut devoir réclamer contre la lettre d'envoi qui, étant signée par Amédée St-Ferréol, était personnelle et devait exprimer une opinion républicaine. Des souscriptions qui produisirent beaucoup, avaient été faites quelques années avant, pour les grecs, et en 1830 pour les blessés de Juillet, en 1831 pour les polonais. Les prolétaires, quoique les moins riches, étaient, proportionnellement à leur avoir, ceux qui donnaient le plus et avec le plus d'empressement.

Malgré les poursuites, les procès, les amendes auxquelles ils s'exposaient, les journalistes des partis hostiles à la royauté des Bourbons de la branche cadette avaient pu user de la liberté de la presse à leurs risques et périls, les hommes d'action former des associations, avoir des réunions plus ou moins publiques. Les lois de septembre, dont la machine infernale de Fieschi amena l'éclosion, supprimèrent à la fois la liberté de la presse, la liberté d'association, la liberté de réunion. Dans le Puy-de-Dôme, le *Patriote*, que rédigeait Trélat à Clermont, cessa de paraître. A Brioude, des visites domiciliaires furent faites chez quelques personnes, chez Tabouret, limonadier entre autres, et dans la maison où se réunissait l'association pour la liberté de la presse.

Il s'était formé en France une vaste association appelée la *Liberté de la presse*, qui, par la parole, le journal, avait fait une propagande active, incessante dans les campagnes aussi bien que dans les villes. A Brioude, nous y formions une section, dont les statuts, affichés publiquement, ne pouvaient nous faire tomber sous la prévention de société secrète. Nous y recevions des brochures et journaux républicains que nous répandions dans les campagnes. Elle se réunissait sous la présidence d'Arthur Mallye, chez Trincot, limonadier, gendre de Chauliac, l'un des anciens terroristes de Brioude. Paul Maigne en fut d'abord nommé président, mais il ne voulut pas accepter. Son dernier acte d'opposition au gouvernement avait été une adresse au nom des brivadois à M. Georges Lafayette, à l'occasion de la mort de son père. Il y flétrissait en termes énergiques la politique

du juste milieu. Les amis intimes de la famille Lafayette, MM. Bonne-Chevand, Salveton, Grenier,
receveur, fils du conventionnel, ne voulurent pas la
signer.

Les scellés furent mis sur les portes du lieu de nos
réunions. Les papiers et journaux furent enlevés.
Mais toutes ces poursuites ne produisirent rien, et
l'autorité fut obligée de restituer les papiers, qui
n'étaient que des collections de journaux. A peine la
garde nationale avait-elle terminé ses élections,
qu'elle était dissoute ; le gouvernement, bien secondé
par ses agents, voulait confisquer aussi la liberté des
élections. Depuis, il n'y eut plus d'élections ; et la
garde nationale mourut pour ne ressusciter que quelques jours, en 1848.

La *Marseillaise* elle-même était proscrite. Notre
commissaire empêcha des chanteurs de passage de
la chanter dans un café, malgré la demande des citoyens présents qui l'entonnèrent eux-mêmes, alors
que le commissaire était allé chercher des soldats au
corps-de-garde, pour nous faire arrêter. L'officier qui
commandait le poste ne voulut pas se prêter aux ca-
prices arbitraires de la police.

Nous ne reprîmes sérieusement l'offensive que
lorsque se produisit ce grand mouvement démocratique qui devait donner à la France, avec la République, le suffrage universel.

CHAPITRE XIV

RÈGNE DU JUSTE MILIEU

A partir de 1835, le parti républicain commença à s'affaiblir. La mort avait éclairci ses rangs. Nous avions perdu Joseph Alluys, Gustave Chanson, Maigne-Jaroussier, Emmanuel Déjax, qui, par dégoût de la vie comme de la marche des évènements, s'était suicidé, comme le firent deux autres personnes de sa famille, entre autres notre ami Pascon, de Langeac, qui s'était jeté dans la Seine, à Paris, dans un moment d'affolement, parce qu'il avait échoué dans un examen. Les intrigants, les ambitieux, ceux qui avaient cru au triomphe prochain des républicains, voyant que le gouvernement prenait plus de force, nous abandonnèrent et firent leur paix, se rapprochant de lui pour se rendre possibles. D'autres enfin, toujours républicains, mais fatigués de la lutte, qui auraient sacrifié sans hésiter leur fortune et leur vie pour le triomphe prochain de la République, mais ne voyaient pas luire à l'horizon le jour de la délivrance, désespérèrent de l'avenir, ou justement préoccupés du présent et forcés de se créer une position, se tinrent loin du bruit, se déshabituèrent de la politique ; ils attendirent en repos, sous leur tente, que l'astre de la République se levât au ciel de la France. Il resta cependant un noyau de fidèles, énergiques. dévoués, qui crurent à l'avenir, au triomphe de la liberté, de l'égalité, de la fraternité. Ils pensaient que le combat était à peine commencé, et préparaient les armes pour le grand jour où le principe de la souveraineté populaire se dresserait contre celui de la royauté.

Dans la septième année du règne de Louis-Philippe le juste milieu est donc triomphant à Brioude comme partout. L'administration qui, grâce aux républicains, avait remplacé celle de M. Salveton, a renié son origine. Son premier acte a été de rétablir les barrières, d'augmenter les charges de l'octroi, pour pouvoir sans doute inscrire son nom sur quelque monument fastueux qui le lègue à la postérité. — Elle promet cependant de l'eau à boire. — En attendant, l'impôt sur le vin pèse beaucoup plus lourdement sur les prolétaires, qui, obligés de vendre leur récolte de suite, ne peuvent profiter de l'entrepôt et payent les droits de circulation, de détail, d'entrée, tandis que les riches, attendant l'occasion de vendre en gros, ne payent point de droits de détail et ne donnent à l'octroi que le prix de ceux qui se consomment en ville.

Les patriotes, trompés dans leurs espérances. laissent les divers partis se débattre entre eux. Aux élections municipales, tous les hommes qui avaient été éliminés aux précédentes rentrent dans le conseil et viennent appuyer toutes les mesures du nouveau maire, Paul Maigne, qui marche désormais avec eux.

Le préfet, le ministère et le clergé veulent alors

imposer à Brioude les frères ignorantins. Appelés par les prêtres qui, à l'aide de quêtes et de donations, avaient construit une école que l'abbé Bérenger était censé avoir fait bâtir de ses deniers, les frères de l'école chrétienne venaient de s'établir à Brioude. Aussitôt ils demandèrent une subvention au conseil municipal. Le conseil municipal est invité à prendre une délibération à cet égard. Quoique présent à la séance, le maire, Paul Maigne, s'arrangea de manière à ne dire ni oui ni non, ou du moins à ne pas laisser connaître son opinion. Après une discussion assez vive, la proposition de donner une école communale aux frères est rejetée par 11 bulletins contre 8, au scrutin secret. Il est certain cependant qu'avaient voté contre, MM. Salveton, J. Thomas, Jean Faugère, Moulin, Esbrayat, Gustave Bagès, Grenier-Dussuc, Gironde, boulanger, Long, Roumilhac, et probablement Grenier Jean *Grantout*, cultivateur; pour, MM. Couguet père, Pascon, Marret, médecin, Mosnier aîné, Denier cadet, Missonnier, Plaix et probablement P. Maigne. Absents, Talayrat, A. Mallye.

Quelque temps après, les partisans de l'enseignement congréganiste revinrent à la charge. La question préalable est adoptée par MM. Salveton, Thomas, J. Faugère, Esbrayat, Gironde, Moulin, Roumilhac, Grenier Jean *Grantout*, Arthur Mallye, Talayrat. La contre-épreuve n'ayant pas eu lieu, les sept membres qui faisaient partie de la minorité sont : MM. Paul Maigne, Couguet, Pascon, Mosnier, Denier, Missonnier, Plaix.

Les élections révélèrent bientôt la puissance qu'avait conquise le juste milieu, et les défections subies par l'opposition.

Le 9 novembre le collège électoral se réunit à Brioude ; le bureau provisoire, composé de MM. Pascon, président, Dulac, Belmont père, avoué, Morange, Frédéric Grenier, médecin, Gustave Bagès, secrétaire, est maintenu, à l'exception de Frédéric Grenier, républicain, remplacé par Chaussat-Tixier.

Au premier tour de scrutin, les voix se répartissent ainsi : Salveton fils, 112 ; Mallye père, 67, Lamothe Auguste, 39 ; le comte de Macheco, 29.

Personne n'ayant eu la majorité, au second tour de scrutin, M. Salveton obtint 136 voix, M. Mallye, 105.

Ainsi, M. Salveton, l'ancien Carbonaro, apostat, qui avait honteusement été battu deux fois, l'emporta. Tout avait été mis en œuvre pour arriver à un pareil résultat. Intrigues, intimidations, menaces contre les fonctionnaires et les débitants, promesses de toutes natures, places et argent distribués, tout fut employé par les meneurs de l'élection : Hippolyte Chanson, Pellet-Magaud, les Romeuf, les Tuja, qui circonvenaient les électeurs, encombraient les abords du bureau et donnaient aux douteux de chaque canton, un signe à mettre sur leur bulletin, pour qu'on pût être assuré qu'ils votaient pour Salveton.

Baptiste Grenier et Paul Maigne, qui, aux élections précédentes, avaient employé toute leur influence en faveur de M. Mallye, votèrent cette fois pour M. Salveton. Huit jours après, M. Baptiste Grenier était nommé avocat général à Grenoble, pour être plus tard fait procureur général, comme l'était M. Salveton, et Paul Maigne, brouillé depuis 1830 avec les hommes du juste milieu qui le déchiraient de toutes manières, devint le coryphée de leur parti. Il fut, par eux, maintenu dans ses fonctions de maire après un procès célèbre, où M. Dessauret, de Saint-Flour, fit acquitter Saint-Brice, après avoir dit :

« Si vous acquittez Saint-Brice, vous condamnez » Maigne ; ou Saint-Brice est un faussaire, ou Maigne » est un calomniateur. Il faut que l'un des deux sorte » flétri et déshonoré de cette enceinte. »

Or, Saint-Brice avait été déclaré non coupable par le jury, à l'unanimité.

La politique ne m'a jamais empêché de m'occuper d'une manière active des affaires de notre bonne petite ville de Brioude. Avant de me présenter ou d'être porté comme candidat au conseil municipal, j'ai constamment pris l'initiative des souscriptions ou projets destinés à doter Brioude d'un des établissements d'utilité générale, d'embellissement ou d'agrément qui lui manquaient.

C'est ainsi que je puis revendiquer l'honneur d'être un des fondateurs de la Caisse d'épargne, créée par souscription en 1843, et dont les membres fondateurs étaient, avec moi, MM. Couguet-Torrette, Mosnier aîné, Denier-Bertrand, Paul Maigne, Eugène Guyot, ingénieur, Arthur Mallye, Beraud père, Roumilhac, Fouillet ; du *Cercle de l'Union,* qui, à ce moment, méritait son nom, et dont le règlement, adopté en 1836, est encore signé, étant resté le même, par les premiers membres de son bureau : MM. Paul Maigne, Amédée Saint-Ferréol, Couguet-Torrette, Mosnier aîné.

En 1835, année où Brioude eut aussi l'autorisation de créer son bureau de bienfaisance, j'ouvris et mis en circulation la liste de souscription pour donner à la ville sa première pompe à incendie, qui arriva en 1835, et à laquelle le conseil municipal, dont je faisais alors partie, en adjoignit une seconde en 1842.

Au début, la compagnie des sapeurs-pompiers, dont le premier commandant fut M. Béraud, marchand de fer, se composait de 32 hommes, à qui on avait donné la petite tenue. Sous l'administration de M. Talayrat elle fut portée à 60 hommes, qui furent costumés avec l'habit à la française et le casque, qu'ils ont échangé, il y a peu d'années, pour la tunique et le casque moderne. Ils étaient armés du fusil à pierre, remplacé plus tard par des fusils du nouveau modèle. La compagnie fut dissoute par le sous-préfet Rochette, comme trop républicaine, en 1850.

Elle est, à l'heure qu'il est, réduite à 40 hommes, commandés par un lieutenant, le sous-ingénieur Pirayre, et un sous-lieutenant, Tixier, maître-maçon.

Lorsque l'on me jugea en âge de pouvoir faire partie du conseil municipal, j'en devins, on peut le dire, le secrétaire perpétuel, ayant toujours été nommé par la majorité, contre l'avocat Bagès, candidat perpétuel de la minorité. J'étais chargé de presque tous les rapports importants que les commissions, dont je faisais partie, avaient à présenter sur les questions intéressant la ville. Ceux que je puis citer, à cause des discussions dont ils furent l'objet, furent les rapports sur la création d'une salle d'asile, l'achat de la maison Monestier pour y établir la halle aux grains; la recherche d'eaux de sources dans la plaine Sainte-Anne, la formation d'un plan général de la ville, le refus de prendre part aux opérations du recensement ordonné par le gouvernement pour faire rendre à l'impôt tout ce qu'il pouvait rendre.

Conformément aux conclusions de mon rapport, le plan de la ville fut dressé par MM. Berthier et Barreyre, experts-géomètres, sous la direction d'une commission dont je faisais partie avec MM. Marret, médecin, Arthur Mallye, Mosnier aîné.

Je proposai et fis adopter une nomenclature des rues de la ville, à qui étaient conservées, pour la plus grande partie, leur dénomination ancienne. J'étais alors archéologue, m'intéressant à la restauration des églises gothiques, byzantines ou romanes de nos contrées, à la conservation des souvenirs, des légendes du passé.

Ce fut à l'occasion du plan, peut-être, que le conseil municipal fit procéder au pavage d'une partie de la ville, en substituant, pour l'écoulement des eaux de pluie, le système de deux gondoles, au système en usage où il n'y avait qu'une gondole au milieu de la rue.

Alors aussi se démolit une des maisons les plus anciennes de la ville, la maison Coutel, avec ses murs à plusieurs étages surplombants, en croix de Saint-André, de bois et pisé, ce qui entraîna la reconstruction de toutes les maisons voisines construites de la même manière, et donna de l'air, de la largeur, à la petite rue des Boucheries, appelée aujourd'hui du Commerce. Le petit îlot de masures obstruant la place aux Herbes disparut à peu près à cette époque.

Ce fut sur les indications de mon ami Aimé Pissis que furent exécutés sur le plateau de la Croix-des-Frères, des sondages qui firent découvrir des sources assez abondantes, dans un terrain peu perméable malheureusement. Mollye, de Clermont, posa, sous la direction de Pissis, des conduits qui amenèrent au Postel, en 1845, l'eau attendue depuis si longtemps, mais pas en aussi grande abondance qu'on l'aurait désiré.

En 1810, sous l'administration de mon grand-père, c'était sur le côteau de St-Pierre, route de Paulhac, que l'on était allé chercher le filet d'eau qui, pendant d'assez longues années, a alimenté la fontaine de la place aux Toiles.

Pendant qu'il était maire, M. Andrieux avait chargé l'abbé Paramelle, alors célèbre comme découvreur de sources avec une baguette de coudrier, de pourvoir la ville d'eau potable. L'abbé creusa, à la sortie de la ville, un puits qui a gardé son nom, mais dont les eaux ne servent qu'aux exercices hydrothérapiques des grenouilles qui fréquentent l'établissement du docteur Pouget, gendre et successeur du docteur Andrieux, qui a fondé en 1847 cette station aquatique.

D'autres sorciers ont ensuite indiqué des sources dans plusieurs terrains des environs de la ville, mais on a eu beau fouiller on n'a rien trouvé. Ce n'est qu'en 1869, après une tentative du maire Gaubert, pour faire arriver à Brioude, de Couteuges, commune de Saint-Just, une source assez abondante, que l'administration Couguet se décida, sur les indications de M. Coume, ingénieur en chef du Puy, d'aller chercher les eaux à la Senouire, près Lavaudieu, à 13 kilomètres de Brioude. C'est ce projet qui, commencé en 1869 et terminé en 1874, fournit la ville de ses eaux jaillissantes. On avait aussi essayé, pendant les travaux de la plaine Sainte-Anne, à rendre potable l'eau du puits du Mazel, en le nettoyant à fond. Ce fut Beraud, marchand de fer, et Vincent, qui furent chargés de ce travail. Ce puits, qui sur 5 mètres de diamètre et 24^{m}30 de profondeur, contenait 7^{m}30 d'eau, ne fut épuisé qu'au bout de 72 heures. L'eau montait de 2^{m}30 toutes les cinq heures, par un trou ouvert dans une espèce de meule formant le fond du puits. Il y fut établi une pompe aspirante et foulante. On eut bien ensuite de l'eau, mais chargée de sélénite comme celle de tous les puits ouverts sur la nappe d'eau qui se trouve sous la ville, et aussi peu agréable à boire que peu digestive, nos eaux de puits n'étant guère bonnes, bien qu'elles ne dissolvent pas le savon, que pour les bains.

Les premiers bains publics furent établis par M. Héraud, pharmacien, à Champanne, en 1820. Ils ont été depuis considérablement améliorés et agrandis. Ceux de l'hospice le furent en 1846, année où fut inauguré, le 1er mai, pour la fête de Louis-Philippe, avec un temps de neige, par les autorités accompagnées des sapeurs-pompiers, le pont en fil de fer de Lamothe, sur l'Allier, concédé pour 89 ans. Les deux établissements ont maintenant des douches.

MM. Paul Maigne, maire, et Joseph Thomas, passé à l'orléanisme, avaient fait rétablir l'exercice aux entrées de Brioude, en 1835 ; en 1842, ce fut un nouveau genre d'*exercice* que la Monarchie de Juillet voulut imposer aux contribuables. Sous ce gouvernement, que l'on a, de nos jours, si souvent vanté comme ayant donné à la France une prospérité qui n'eut jamais d'égale, le ministre des finances d'alors, M. Humann, à bout de ressources, ordonna, par une simple décision ministérielle, un nouveau recensement des propriétés bâties, qui serait fait par les autorités locales, de concert avec les employés des contributions directes.

Cette mesure qui avait pour but, avait dit le ministre lui-même, de faire rendre à l'impôt tout ce qu'il pouvait rendre, mais devait avoir pour résultat de jeter une perturbation peu justifiable de l'impôt des portes et fenêtres et des valeurs locatives, en le modifiant arbitrairement, causa une profonde émotion dans la France entière. Des protestations énergiques s'élevèrent de toutes parts. Dans quelques villes, et notamment à Clermont, où elle provoqua une émeute qui dura trois jours, où le sang coula, où des maisons furent saccagées et à la suite de laquelle de nombreux républicains de Clermont et des bourgs environnants furent traduits à Riom devant le jury, qui les acquitta presque tous.

A Brioude, le conseil municipal, restant dans la légalité la plus stricte, protesta par une délibération dont je crois devoir citer les conclusions, pour montrer comment, dès ce moment, je comprenais les droits de la commune et ceux de l'État. Ces conclusions étaient celles du rapport que je fus chargé de présenter et dont je reproduis le début :

« Des circonstances que nous n'avons point à apprécier, ont amené dans les finances de l'État un déficit que l'on essaye aujourd'hui de combler. Pour obtenir ce résultat, trois moyens s'offraient aux ministres : l'emprunt, l'augmentation de l'impôt, la création de nouveaux impôts. Les contribuables pourraient en indiquer encore un quatrième, — le plus efficace de tous — la réduction des dépenses. Mais messieurs les ministres trouveraient le remède pire que le mal; et les contribuables, gens taillables à merci, seraient fort mal reçus à faire une proposition aussi révolutionnaire.

» Les ministres n'ont pas voulu avoir recours aux moyens ordinaires. L'emprunt a été ajourné; ils n'ont pas osé demander aux chambres la création de nouvelles taxes ou l'augmentation des impôts existants. Ils ont pris un terme moyen, comme toujours. Ils ont voulu faire rendre à l'impôt tout ce qu'il pourrait rendre, ce qui ne serait que juste, si les mesures fiscales prescrites par le ministre des finances ne tendaient pas à dénaturer l'impôt, à produire une véritable surimposition.

« Ils ont compté sur une augmentation de revenus considérable, puisqu'ils ont espéré, à l'aide de quelques changements dans les opérations de recensement, combler le vide des finances.

« Ce projet, ils l'ont manifesté hautement à la tribune, dans leurs circulaires officielles :

« Les recettes ne sont plus au niveau des dépenses « ordinaires; il est urgent de prendre des mesures « pour obtenir des impôts les produits qu'on est en « droit d'en attendre. »

disait M. Humann, dans sa circulaire du 25 février 1841.

« L'état de nos finances exige que l'on demande « aux impôts existants tout ce qu'ils doivent pro- « duire. »

« (Circulaire de M. Legrand, 26 février.)

« Comment ont-ils espéré arriver au résultat qu'ils se proposent? En changeant arbitrairement les bases sur lesquelles, jusqu'à ce moment, reposaient les divers recensements, en augmentant la population

des villes de toute la population flottante, en créant
de nouveaux patentables, en taxant des ouvertures
non imposées jusqu'à ce jour, et surtout en enlevant
à l'administration municipale un travail qui est dans
ses attributions pour le confier à des agents dépen-
dants, révocables, dont ils excitent le zèle par des
menaces, par des encouragements.

. . . .

« Désormais, la question est épuisée. Vous avez
apprécié la portée et la légalité des mesures fiscales
de M. Humann. Que doit faire, dans de pareilles
circonstances, le conseil municipal, chargé de défendre
les intérêts de ses commettants? La conduite qu'il a
à suivre est tracée par la loi, par la raison, par
l'exemple des autres conseils municipaux de France.
Il doit protester au nom du droit contre l'empiètement
des agents du fisc, sur les attributions municipales ;
il doit repousser, au nom des intérêts de la commune,
toute solidarité dans les mesures fiscales préparées
pour pressurer les contribuables ; il doit réclamer
avec énergie, mais avec calme, avec dignité, les
droits que la loi lui a donnés pour défendre les intérêts
de sa commune. C'est son devoir. Et si l'on repousse
des réclamations légitimes, il laissera les agents mi-
nistériels consommer seuls leurs actes de spoliation.
Il ne les assistera point. Il leur refusera son concours.
C'est son droit.

. . . .

« Et devant ce droit, devant cette force d'inertie,
viendront se briser toutes les forces du pouvoir ; car
on pourra bien annuler, déchirer vos protestations,
vos délibérations, mais on ne pourra pas vous forcer
d'agir, de sortir de votre immobilité, d'accepter le
rôle sans honneur, sans dignité, sans pouvoir, que

vous a fait l'autorité dans cette opération de recensement, où les lois vous donnaient la première place.

. . . .

« La résistance passive et pacifique des citoyens fera le reste.

. . . .

« Par toutes ces considérations, votre commission, à l'unanimité, a cru devoir vous soumettre la délibération suivante, qui n'est que le résumé de ce rapport, trop long sans doute, mais qui a dû embrasser toutes les difficultés soulevées par cette grave question de l'impôt :

« Le conseil, considérant que la loi en confiant aux conseils municipaux le devoir et le droit de défendre les intérêts des communes, leur a donné des attributions qu'il leur appartient de faire respecter ;

. . . .

« Que les lois ont toujours été entendues et exécutées en ce sens par tous les pouvoirs qui, depuis cinquante ans, ont passé sur la France, par le gouvernement de Juillet et la Restauration, comme par l'Empire et la République, si sévères défenseurs de la centralisation et de l'unité nationale ;

« Que l'on essayerait donc en vain d'accuser le pouvoir municipal, demandant la stricte observation des lois, de résistance contre le pouvoir central ; d'assimiler ses réclamations fondées sur la légalité, à des protestations fédéralistes contre l'unité de la France, accusations que le Conseil repousse avec énergie ;

. . . .

Considérant que si le mode d'opérations prescrit par les lois existantes offrait des abus et pouvait porter atteinte à l'égalité proportionnelle de la répartition, entre les communes, entre les départements, c'était à une loi nouvelle qu'il fallait en demander la suppression ou le changement ;

» Qu'il est de droit fondamental que l'impôt et tout ce qui touche à l'impôt doit être voté par ceux qui le paient ou par leurs mandataires ;

» Considérant qu'une circulaire ministérielle ne saurait abroger des lois ; qu'elle n'a d'autorité que pour ceux à qui elle est adressée ;

» Et qu'en matière d'impôts surtout le Conseil municipal doit réclamer l'exécution complète de la loi :

» Décide qu'il refusera tout concours aux agents du fisc, agissant arbitrairement et contrairement à la loi :

» Proteste contre toutes les opérations qui seraient faites en dehors de la légalité ;

» Se réserve d'en demander le nullité par toutes les voies de droit ;

» Invite le maire et l'administration municipale à ne point *assister* les contrôleurs des contributions directes dans l'exécution de *mesures intolérables, illégales, anti-municipales;*

» Emet le vœu que le conseil général demande l'exécution de la loi et le retrait des circulaires ministérielles de février 1841. »

Conformément à ces conclusions, les autorités municipales ne prirent aucune part au recensement, qui ne donna lieu d'ailleurs à aucun trouble, à Brioude ni dans le département.

La majorité du Conseil municipal, auquel avaient été adjoints, en vertu de la loi, les plus imposés en nombre égal, rejeta au contraire les conclusions du rapport par lequel je demandais, avec plusieurs de

mes collègues, le vote d'un emprunt, couverte par un
surimposition, pour l'achat de la maison Monestier,
sur l'emplacement de laquelle aurait été construite
une halle aux grains, isolée de tous côtés, entourée
de rues larges, et qui aurait peu couté alors, en rap-
portant beaucoup, les marchés était à cette époque
mieux approvisionnés de céréales qu'ils ne le sont de
nos jours, où le commerce de farines et la vente dans
les greniers, sur échantillon, ont pris tant d'extension.

La halle aurait eu 25 mètres de long sur 20 de large ;
ses deux principales façades auraient donné, comme
celles d'aujourd'hui, sur la place Lafayette et la place
Grégoire de Tours ; et elle eut été séparée des bâtiments voisins, la maison Grenier et celles de la petite
rue de l'Eglise, par deux rues de 13 à 14 mètres ; sa
toiture était une charpente à courbes ogivales dressée
sur les plans de l'entrepreneur Vincent ; elle s'ap-
puyait, sans piliers intérieurs, sur 18 arcades cintrées.
La maison Monestier aurait alors coûté 23,000 fr. ;
la dépense totale, y compris l'achat de la maison,
s'élevait à 63,000 francs. Pour y faire face, il fallait
avoir recours à un emprunt, qui, ajouté aux ressources
ordinaires dont la ville pouvait disposer, aurait été
couvert en cinq ans par une surimposition de cinq
centimes additionnels aux quatre contributions ordinaires. C'était, on le voit, pour rien.

Messieurs les plus imposés, dans et hors le conseil
municipal, trouvèrent cette surimposition énorme, la
dépense à faire exhorbitante, la halle inutile. Le
projet fut rejeté par 21 voix contre 18. Avaient voté
pour, MM. Alfred Grenier (intéressé à cause de la

valeur donné à sa maison), Arthur Mallye, Gauthier, Gustave Bagès (trois voisins), Esbrayat, Amédée St-Ferréol, Belmont, Moulin, Roumilhac, Julien Lamothe, Jean Faugère, conseillers municipaux ; Mallye père (un voisin), Pellet-Magaud, Neyreneuf, Saint-Ferréol père, Levé, Gresse, Blanc fils. Ceux qui repoussèrent le projet étaient : MM. Talayrat, maire, Couguet, juge, Chanson, Tony Rochette, J. Thomas, Touchebeuf, avocat, Besseyre, Paul Maigne, Pascon, président, Vernière, adjoint, conseillers municipaux ; Maret, médecin, Denier-Bertrand, Pradier-Faurot, Mouriet, Frédéric Reynaud, Reynard cadet, Mosnier aîné, Morin, Missonnier, Gaubert père, Vidal père, des plus imposés.

Le scrutin avait été secret, mais c'était le secret de la comédie. Aucun de ceux désignés comme ayant repoussé le projet ne protesta.

Ayant toujours voulu que la ville s'embellit sans s'imposer des charges trop lourdes pour l'avenir comme pour le présent, je fus un de ceux qui, en 1844, combattirent le plus vivement un magnifique projet d'un de nos sous-préfets de passage, nommé Lagarde, voulant, avant que la chose fut connue, *haussemaniser* notre petite ville de Brioude, qui ne pouvait cependant pas avoir la prétention de devenir un petit Paris. Il proposait d'ouvrir du haut des Olliers à l'hospice, un large boulevard, planté d'arbres, sur les bords duquel se seraient élevés, au milieu de jardins, d'un côté l'hôtel-de-ville et la sous-préfecture, de l'autre la halle aux grains et un marché couvert.

Son projet, dont il avait fait dresser les plans mais non pas les devis, était très beau..... sur le papier.

seulement, il aurait coûté des sommes folles sans avoir une utilité bien appréciable. Il fut rejeté à une forte majorité.

Ma proposition de créer une salle d'asile fut ajournée. La nécessité de ce genre d'école enfantine n'était pas encore reconnue.

CHAPITRE XV

RELIGION. — INDUSTRIE

Sous le règne de Louis-Philippe, le roi-citoyen que
l'on faisait passer pour un voltairien, les congréganistes, les missionnaires, les prêtres, bien que dans
les premières années ils ne portassent pas à Paris le
costume de leur ordre, s'habillant de noir comme les
pasteurs protestants, jouèrent, dans nos contrées au
moins, un rôle plus bruyant que sous la Restauration.
Ils purent, par des manifestations à grand spectacle,
reprendre sur la population une partie de l'influence
qu'ils avaient perdue depuis la Révolution, et n'avaient
pu retrouver sous la Restauration, où la religion fut
trop mêlée à la politique pour qu'elle n'en subît pas
le contre-coup.

Sous prétexte de jubilés, les missionnaires se ré-
pandirent dans les villes et les campagnes, prêchant,
confessant, catéchisant hommes, femmes et enfants,
au nez des curés et vicaires des paroisses, trouvés
bons seulement pour faire la cuisine ordinaire du
culte.

Les jésuites, rentrés en France avec les Bourbons,
sous le noms de *pères de la foi,* avaient repris leur
noms, ouvert de nombreux établissements et étaient
redevenus les chefs de l'église militante. Une de

leurs jésuitières avait été fondée à Vals, près de
Puy. Ce fut un de ses prédicateurs, le père de Bussy,
qui vint prêcher avec deux autres R. P. le jubilé à
Brioude en 1843. A la suite de sermons, retraites,
communions générales, l'on vit sortir de terre,
comme des champignons vénéneux, des congrégations
de toutes sortes, celles de l'*Instruction,* pour l'éducation des jeunes filles, de Saint-Gonzalve de Cordoue,
pour les anciennes élèves de Saint-Joseph, de Saint-
François-Régis pour les ouvriers, de la congrégation
des hommes sous l'invocation de la vierge, des domes-
tiques, dédiée à Sainte-Marthe, du Rosaire, du sacré-
cœur, de Saint-Joseph, de la bonne vie et de la bonne
mort, du Scapulaire, des amis du purgatoire, de
l'archiconfrérie des dames, qui, faisant double emploi
avec celle des dames de la Miséricorde, ne put subsister
et fut remplacée par celle des demoiselles ; que
sais-je encore.

Chaque congrégation avait ses réunions, ses couleurs, ses cérémonies, ses présidents ou présidentes,
dans des chapelles spéciales de l'église ou des
couvents. Celle des hommes, dont furent d'abord
présidents le cultivateur Granat, dit *Jean Masse,*
Coupe père, plâtrier, Baudouin, cirier, et à laquelle M. Talayrat s'était fait affilier, ne battit que
d'une aile. Elle ne put faire concurrence à celle des
laboureurs, qui, en 1838, s'étaient donnés saint Isi-
dore pour patron, et après avoir eu jusqu'à 157 con-
frères, s'éteignit en 1849.

Tout en prêchant aux autres le jeûne, l'abstinence,
la mortification, pour gagner le jubilé, les révérends
pères ne dédaignaient pas la bonne chère arrosée de

bon vin, que leur faisaient faire, dans des repas servant d'intermèdes aux communions, les familles dévotes qui se les disputaient.

Je crois bien avoir ainsi participé au jubilé, et communiant chez moi, sous les deux espèces, avec le père de Bussy, qui, il est vrai, ne songea même pas à nous débiter le *benedicite* et les *grâces,* mais, autant que je m'en souviens, levait et surtout vidait fort bien le calice.

C'est encore sous le règne du juste milieu, en 1846, que les dames de Nevers furent appelées par la commission de l'hospice de Brioude, à venir prendre la direction de cet établissement, et qu'on restaura notre église, placée dans la catégorie des monuments historiques, à la suite de rapports faits par MM. Mérimet et Dideron. La restauration de l'abside et de la toiture, remplacées par trois terrasses dallées, fut faite en 1837, sur les plans de mon ami Auguste Bravard, d'Issoire, naturaliste distingué, qui, obligé de s'expatrier après le coup d'État, mourut dans l'Amérique du sud, au milieu d'un tremblement de terre qu'il avait prédit. Ce fut M. Mallet, architecte de Clermont, qui fit, de 1843 à 1845, recouvrir de tuiles les trois terrasses trop perméables aux eaux de pluie, construire le clocher carré, et de 1862 à 1863, terminer la façade de l'ouest et élever le clocher pointu, dont l'ancienne flèche fut remplacée par une espèce de pain de sucre, couvert de tuiles vernissées, d'un effet assez bizare. La fabrique et la ville contribuèrent aux dépenses de ces restaurations, mais pour des sommes relativement minimes. Ce fut l'Etat qui paya la plus grosse part, plus de cent mille francs.

Je m'occupais alors assez d'archéologie pour alle-
à Clermont, avec M. Talayrat, à un congrès d'archéo-
logues venus de tous les points de la France, sous la
présidence de M. de Caumont. Je m'intéressai
beaucoup sans doute alors à cette restauration de
notre vieille église. Je pris même une part active à la
surveillance des travaux, d'abord lorsqu'ils se faisaient sous la direction officielle ou officieuse de
MM. Bravard, l'architecte, et Eugène Guyot, ingénieur des ponts et chaussées, marié dans notre ville,
et qui a été ensuite ingénieur en chef dansla Haute-
Loire enfin dans le Puy-de-Dôme.

Je m'en occupai encore beaucoup plus sous l'administration de M. Talayrat, dont j'étais, on peut le
dire, le suppléant, ses adjoints Arthur Mallye et
Vernière ne s'occupant guère des affaires de la ville,
que, lui-même, à son âge, avec ses habitudes, ne voulait et ne pouvait pas examiner dans leurs détails.

Cependant, je n'ai rien à revendiquer dans les
projets ou exécution de ces travaux, qui intéressaient
encore plus l'église que la ville ; c'est à mon père,
un des membres les plus actifs de la Fabrique et son
secrétaire, que doit revenir le mérite d'avoir, par ses
rapports, ses démarches, ses pétitions, provoqué,
hâté, amené cette restauration de notre belle basilique byzantine, dont j'ai fait la description dans
mes *Notices historiques,* et que nous ne demanderions
pas mieux de voir terminer, s'il n'en coûtait rien.

En ces temps, l'on consacrait plus d'argent aux
églises qu'aux écoles ; la viabilité était assez négligée,
faute de fonds probablement. La petite rue des Olliers, traverse de la route nationale de Clermont à

Viviers, fut macadamisée en 1847 ; voilà tout ce qu'obtint la ville de Brioude. Quelques rectifications furent faites sur la même route du côté de Clermont et du côté du Puy ; la route de Brioude à Massiac commença à devenir bonne ; on ouvrit même une enquête pour adoucir les montées du pont de Vieille-Brioude au Marcet. Nous fîmes décider que la rectification serait faite en suivant les bords de l'Allier jusqu'au ravin qui va aboutir près de Chigros ; mais le projet en resta là. C'est seulement dans ces derniers temps qu'il a été question de reprendre cette rectification, qui, maintenant que nous avons un chemin de fer, n'aurait plus la même importance et coûterait très cher. Le seul embellissement que le conseil municipal donna à Brioude, fut la promenade de l'hôtel-de-ville, dont la terrasse, commencée depuis longtemps, fut terminée complètement en 1886.

Pendant la période dont nous parlons, il existe peu d'établissements industriels à Brioude. Quelques hommes de bonne volonté avaient cherché vainement à importer, à introduire dans nos murs quelques-uns des procédés de fabrication en usage dans les villes voisines. Théodore Gueyffier, inventeur d'un filet à pêcher, dont il n'a pas su tirer parti, et d'une bêche à vapeur qui n'a jamais pu fonctionner, avait essayé d'y établir des métiers à la Jacquard pour faire du linge de table damassé. Il ne fut pas plus heureux pour cet essai que pour la construction d'une voiture se mouvant par un mécanisme, ingénieux peut-être mais qui fatiguait beaucoup plus, en faisant peu de chemin, les personnes voiturées qui devaient manœuvrer le moteur, que si elles avaient marché à

pied. Lacombe y monta aussi des métiers à broder
du tulle qui ne brodèrent rien du tout. Enfin, le docteur Charreyre, qui, après la Révolution de 1848,
soumit à l'examen du Comité de défense, par mon
intermédiaire, une lance vomissant une espèce de feu
grégeois, fabriqua l'un des premiers, en 1836, les pianos droits, dont des industriels plus adroits lui ont
pris le secret avec les bénéfices. Mais ces industries
ne purent s'acclimater sur notre sol essentiellement
agricole. Les messieurs Berthier exploitèrent, sans
beaucoup de profit, une mine d'antimoine à la Licoulne;
ce n'est que sous la direction intelligente de M. Cha-
tillon, qui a été notre collègue au conseil général, que
ces mines ont acquis de la valeur, il y a peu d'années.

Nous avons vu disparaître aussi presque tous les
tisserands qui faisaient, par les anciennes méthodes,
des toiles avec du chanvre roui dans l'Allier, et dont
les fils étaient filés dans chaque ménage, avec la que-
nouille, par les femmes de la classe laborieuse, que
l'on voyait s'asseoir en rond devant leur porte pour
causer en *chenevotant,* pendant que les enfants faisaient, à leur grand contentement, des feux de joie
avec les fétus. Les tanneries qui, de temps immémo-
rial avaient existé, ont également disparu : il ne
reste plus de l'ancien régime que les deux moulins
situés sur une des branches de notre rivière, et dont
l'un, celui des Dardelins, menace ruine. En revanche,
il s'est créé des scieries, des ateliers de tailleurs de
pierres, des distilleries et plusieurs brasseries et fabriques de malt. La première brasserie fut établie dans
la vigerie Denier, sur les bords de l'Allier en 1829.

par Lalive, qui avait fait de la bière pour le comte de
Macheco, dans sa propriété d'Alleret. Un allemand,
Philippe Gleich, fit élever sur l'allée de Lamothe celle
qui existe maintenant, et que, depuis 1880, M. Jouis-
homme a considérablement agrandie, en y joignant
une fabrique de malt et une glacière américaine dont
on n'use guère à Brioude. Les autres fabriques de
malt et une nouvelle brasserie se sont campées plus
récemment encore près de la gare. Les anciennes
distilleries où l'on faisait de l'eau-de-vie de marc
exécrable, d'après l'ancien système, ont été remplacées par de nouvelles, dont les alambics perfectionnés
donnent des produits bien meilleurs et qui ont un
grand débit. Nos vins du pays se sont d'ailleurs
beaucoup améliorés depuis qu'on a substitué des cé-
pages différents au plant de Limagne, qui, mal travaillé, mal taillé, fournissait un vin ayant une réputation détestable, qu'il méritait.

CHAPITRE XVI

INDUSTRIE. — MŒURS ET USAGES

L'agriculture avait fait des progrès avant même que la viticulture n'eût progressé. Rétribués convenablement par la qualité et le prix de la récolte, nos vignerons avec les bonnes années, malheureusement trop souvent accompagnées de mauvaises, à cause des gelées, de la coulure, des maladies de la vigne, continueraient à s'enrichir, si le phylloxéra dont une tache s'est montrée sur le plateau de Chomaget, il y a trois ans environ, ne menaçait pas de tarir la source de la principale richesse de notre pays.

Les propriétaires, les fermiers grands ou petits et les métayers qui, dans nos cantons, remplacent les fermiers, avaient vu augmenter le rendement de leurs terres, par l'emploi des prairies artificielles, de fumures plus nombreuses, d'assolements rationnels faisant disparaître, lorsque cela était possible, les jachères. Ces résultats doivent être surtout attribués au comte de Macheco, qui, ainsi que nous l'avons dit, avait fait de sa belle terre d'Alleret, une ferme modèle où les cultivateurs et les agronomes pouvaient voir la pratique s'unir à la théorie. Il est donc tout naturel que M. de Macheco ait été le premier président du premier comice agricole qui fut créé à Brioude en 1834.

et dont étaient membres : MM. Talayrat, vice-prési-
dent ; Paul Maigne, avocat ; Adolphe Tallobre, le
comte du Crozet, le baron de Flaghac, Thomas, juge ;
Tony Rochette et Amédée St-Ferréol, secrétaires.
Ce furent ces deux derniers qui, chargés de visiter les
différentes exploitations agricoles de l'arrondissement,
purent faire apprécier au comice les supériorités de
celle d'Alleret sur toutes les autres. Aussi bien, lors de
l'organisation des concours inter-départementaux, ce
fut M. de Macheco qui obtint à l'unanimité la prime
d'honneur ; la seconde a été accordée à M. Ollivier,
qui avait transformé par le drainage sa propriété du
Chassagnon, située non loin de celle d'Alleret, dans
le Chaliergues. Cette prime, consistant en une coupe
en argent ciselé, est une récompense bien plus enviée
et moins prodiguée aussi, que la fameuse décoration
de l'ordre du mérite agricole, dite du *poireau,* inventée
par le doux Méline, sous le ministère de Jules Ferry.

L'élevage des vers à soie allait permettre à notre
arrondissement de faire concurrence au midi. Des
mûriers avaient été plantés dans une pépinière de la
ville en 1765, dans le domaine de St-Ferréol en 1788.
Quelques essais qui avaient réussi en petit firent croire
à un certain nombre de propriétaires, de 1834 à 1846,
qu'on pourrait réussir mieux encore en faisant grand.
M. de La Chapelle planta toutes ses terres de Ber-
goide en mûriers et installa de grandes magnaneries.
Il y fit éclore jusqu'à cent onces de graines et obtint des
cocons dont la soie filée par des ouvrières venues
exprès de l'Ardèche, était dite de première qualité.
A son exemple, chacun installa des magnaneries où
il put, jusque dans des chambres à coucher. Tout alla

bien au début, mais bientôt les mûriers dépérirent ou portèrent des feuilles qui, éprouvées par les froids d'hiver, les gelées de printemps, ne convinrent pas aux vers, qui, avant d'avoir filé leur soie, filèrent un mauvais coton, s'étiolant ou crevant pendant leurs différentes mues. Il fallut tout abandonner. Les mûriers eux-mêmes ont presque disparu. Seul, le doyen de tous, celui planté dans notre cour de St-Ferréol avant la première Révolution est toujours vigoureux et sert de perchoir, non plus aux vers, mais aux poules.

De la chute de la monarchie légitime à l'avènement de la République, l'aristocratie royaliste et la bourgeoisie qui fraya avec elle, bouda le gouvernement, resta dans ses châteaux où elle faisait de l'opposition platonique. Ils furent peu nombreux ceux qui, comme les vendéens de la Pénissière, répondirent à l'appel de la duchesse de Berry, que son oncle, Louis-Philippe, fit arrêter à Blaye, où on la trouva blottie derrière l'atre d'une cheminée, ce qui ne l'empêchait pas d'être dans une position intéressante, et prit ainsi le moyen de la déshonorer. La bourgeoisie qui, par le cens électoral, avait été mise au pouvoir, ne songeait guère, suivant le conseil que lui en avait donné Guizot, qu'à s'enrichir, tout en occupant dans le gouvernement des fonctions honorifiques aussi bien que lucratives. Ce fut l'époque où les faiseurs d'affaires véreuses semèrent partout de la graine de niais pour récolter des actionnaires. Les mines, les usines, évaluées à des valeurs fantastiques, furent mises en actions que se disputèrent les gogos, qui se trouvaient avoir placé leurs économies, leur avoir, à fonds perdus, dans ces gouffres béants, appelées houillères.

Dans notre pays, un des types de ces habiles spé-
culateurs fut M. Auguste Lamothe (de Frugères).
Les mines ayant augmenté considérablement sa fortune, il eut l'ambition d'arriver à la députation, mais
sans succès. Il fut alors le candidat perpétuel de notre
département. C'est dans son château qu'après la Révolution de Juillet nous vîmes, dans une fête où tout
Brioude avait été invité, M. de Morny, alors petit
officier de fortune, qui ne visait à ce moment qu'à
avoir des succès de salon auprès des femmes.

Le parti légitimiste ou carliste, comme on l'appelait
avant la mort de Charles X n'avait pas de soldats dans
notre arrondissement. L'un des chefs les plus influents
était le baron de Croze, camérier du pape, et à
Brioude le docteur Marret qui, par opinion politique,
prit pour gendre M. Huguet (de Billom), avocat, fixé à
Brioude, qui n'a jamais plaidé, et pour cause, mais
était le seul royaliste du barreau et même de la jeunesse brivadoise. Les républicains et les carlistes
faisaient ensemble de l'opposition, quoique chacun à
leur manière, au pouvoir du jour. Encore cette opposition était, par la force même des choses, peu ardente, et excepté dans les jours d'élection, n'avait
pas d'occasion de se produire de façon à inquiéter les
fonctionnaires. Il n'y avait pas dans ce qu'on appelait
la société des séparations bien marquées. Il n'en était
pas de même dans les classes laborieuses, non point
par suite de la politique, à laquelle ne s'intéressaient
pas encore ceux qui ne payaient pas 200 francs d'impôt,
mais à cause des anciens usages toujours en vigueur.
Les ouvriers, désignés sous le nom d'artisans, et les
paysans, comprenant les cultivateurs, les vignerons,

les journaliers, avaient chacuns leurs fêtes, leurs lieux de réunion, leur costume particulier. Les paysans avaient conservé la veste longue et le pantalon de bure grise, les sabots, le chapeau à larges bords ; les artisans avaient adopté la veste courte de couleur foncée, le pantalon de drap suivant la saison, la casquette ou le chapeau à ailes retroussées. Ils se permettaient le *café*, alors que les paysans n'allaient guère, par extraordinaire, qu'au cabaret, les dimanches, se rafraîchissant avec un pichet de vin du crû.

C'étaient surtout les jeunes filles, qui, les jours de dimanche et dans les bals se distinguaient les unes des autres. Les jeunes paysannes n'avaient point abandonné, comme elles l'ont fait aujourd'hui, la robe, la coiffure et la croix de leurs mères. La robe, en étoffe de laine ou en indienne à ramage, était à taille courte, sans tournure, recouverte sur le devant d'un tablier en cotonnade; le bonnet de linge blanc à bords plissés, encadrait le visage sans laisser voir les cheveux. Nos artisannes qui ont eu leurs jours de célébrité sous le nom de *bergères*, et dont nous avons donné la physiologie dans le premier écrit que nous avons livré à la publicité, étaient gracieuses, coquettes, rieuses, peu confites en dévotion. Avec leur bonnet *à la folle,* garni de dentelles, entouré d'un large ruban rose ou bleu noué en cocarde, et échancré de manière à découvrir les bandeaux bien lisses de leurs cheveux généralement châtains, elles étaient l'antithèse vivante de ces congréganistes sans âge appréciable, laides, empaquetées dans une robe et sous un capuchon de bure noire, aussi cagotes que hargneuses, dont nous avons donné, quarante ans après sans la signer non plus, la physiologie, et qui, avec les lentilles, sont un des principaux produits du Velay.

A ces bals, n'étaient admis alors ni les paysans ni les bourgeois. Par suite de mes opinions démocratiques, des bons rapports que j'avais avec eux, leurs cavaliers, très exclusifs, très jaloux, avaient fait une exception pour moi.

Dans ces bals, où les jeunes ouvriers venaient aussi avec leurs habits du dimanche, j'avais la même tenue, le même costume que lorsque j'allais dans le monde où l'on s'ennuie. Une année, en revenant de Vichy, où, pour faire disparaître un léger engorgement du foie, je passai une saison, j'importai la polka dans ces bals, où se dansaient, au son d'un seul violon joué par Fraisse, la valse, la contredanse, et toujours la bourrée où l'on s'embrasse. Cette danse était alors dans toute sa nouveauté, toute sa vogue. Je l'avais apprise de Cellarius, dans le salon duquel les buveurs d'eau qui voulaient payer 5 francs le cachet, faisaient des répétitions, avec les grandes dames en villégiature, dans les hôtels de la ville, et parmi lesquelles se trouvaient Mme Thiers, récemment mariée, et Mlle Dosne, sa sœur. J'en donnai des leçons — j'étais bon danseur autrefois, — à nos bergères et aussi à nos demoiselles de la bourgeoisie.

A l'heure où je rappelle ces souvenirs, de profondes modifications se sont opérées dans ces plaisirs dansants ; les bergères et les paysannes ne se distinguent presque plus par le costume, n'y viennent plus en robe blanche, ont souvent, avec leur robe de laine de couleur sombre, une mise plus sérieuse qu'élégante.

Les jeunes gens de toutes les classes y sont admis en payant, et se croient dispensés d'échanger leur costume de la semaine. On y tolère même parfois, pour le sans-gêne, la blouse. Les bonnets de linge ornés de larges rubans moins coquettement agencés que par le passé, y sont en majorité. Seulement, les femmes de chambre, jadis sévèrement exclues, y coudoient les modistes et les couturières coiffées en cheveux ou avec des chapeaux, et la plupart des danseurs, qui ont presque tous des pantalons et des vestons noirs ou de couleurs sombres, gardent le chapeau sur la tête, ne sachant d'ailleurs trop où le mettre, tant les salles de danse sont bondées.

En revanche, les bals qui se donnent maintenant dans la salle des conférences, aussi bien décorée qu'éclairée, sont très nombreux. On y danse fort bien aux accords d'un bon orchestre, avec l'antique quadrille, la valse et la polka, toutes les danses nouvelles, la schottich, la redowa, la varsovienne, etc. Les bals populaires qui ont lieu aux fêtes du 14 juillet et de la ville, dans la halle aux grains, ruisselante de lumières, pavoisée de drapeaux tricolores, ornée de feuillages, rappellent les plus beaux de Paris. C'est tout dire.

Sans avoir la prétention ou le désir de faire de la politique dans ces réunions populaires, j'y trouvais une occasion toute naturelle de propager, dans la partie jeune de la démocratie, avec qui je me trouvais en relation, mes opinions républicaines.

C'était dans la vie publique que je faisais d'une manière plus active, plus féconde, par l'exemple, encore plus que par la parole et la presse, l'enseignement qui devait républicaniser notre arrondissement.

Bien que résidant à Brioude, j'étais en relation avec un assez grand nombre de républicains connus, qui, par un motif quelconque, venaient dans nos départements du centre ou y résidaient. C'est ainsi que j'eus le plaisir de faire connaissance avec Caussidière, qui devait être, après la révolution de Février, préfet de police à Paris, où il fit de l'ordre, disait-il, avec du désordre; Aristide Pilhe, un des plus fanatiques disciples de Proudhon, que j'eus pour collègue à l'assemblée législative, jusqu'au 13 juin, et qui fut un des représentants de la Montagne arrêté et envoyé, avec Jules Maigne, Daniel Lamazière, Guinard, Gambon. etc., dans les prisons d'État; Lecureux, marchand en gros de vin de champagne, qu'il fut question un moment de donner pour successeur à Toussaint Bravard, commissaire du gouvernement provisoire au Puy; Beaune, mon futur collègue de législature et de proscription. Ils étaient venus dans nos pays placer des actions ou recueillir des abonnements pour la *Tribune*, d'Armand Marrast, la *Réforme*, de Flocon et de Ribeyrolles.

En leur donnant le premier et souvent même le seul mon obole, je recevais le mieux possible ces missionnaires de la démocratie républicaine, avec lesquels j'allais passer une bonne journée à Jumeaux, chez Toussaint Bravard, qui connaissait tout l'état-major du parti, et, en même temps que de la politique, faisait de la médecine Raspail, entretenant une correspondance suivie avec le conspirateur émérite, le brillant journaliste, le remarquable chimiste, qui, en découvrant l'insecte de la galle, a, le premier, mis sur la voie des microbes que l'on voit maintenant partout.

Les procès faits aux républicains, poursuivis pour crimes d'associations illicites, de sociétés secrètes, et à leurs journaux, qu'on voulait tuer, ce qui arrivait souvent, par les amendes et les condamnations de leurs gérants à plusieurs années de prison, étaient nombreux dans tous les départements. Le parti républicain s'y faisait représenter, pour donner des témoignages de sympathie aux prévenus, et s'associer aux manifestations que les acquittements ou les condamnations provoquaient toujours. Je n'avais garde de manquer à ces rendez-vous.

A la suite de l'émeute ou plutôt de l'insurrection, provoquée par le recensement de 1842 qui dura trois jours, pendant lesquels les paysans des campagnes voisines soulevées se battirent contre les troupes dans les rues de Clermont, et saccagèrent quelques maisons, entr'autres celle de M. Conchon, maire de la ville, un grand nombre d'arrestations eurent lieu. Parmi les plus compromis étaient Rixain (d'Issoire), le docteur de Nolhac, Maradaix (de Beaumont), Montellier, Lassalas (de Lezoux).

Théodore Bac, Laissac, futur procureur général à Montpellier après la Révolution de 1848, étaient assis aux bancs de la défense, à côté de MM. Rouher, de Parrieu, Dumontat, futurs grands fonctionnaires de l'empire, mais alors républicains, et qui, surtout dans les premiers jours de Février, firent les motions les plus violentes dans leurs clubs de Clermont, d'Aurillac, d'Issoire, dont l'un avait le nom significatif de *Scorjadoux (Écor-cherie)*. Tous les avocats furent à la hauteur de leur tâche. Nos amis Laissac et Bac eurent un grand succès, et je fus chargé par eux d'envoyer le compte-rendu des débats à Altaroche, de Laroche, près Brioude, un des trois hommes d'État du *Charivari*, avec qui j'étais en relation.

Je fus assister à un autre procès à Riom, mais en curieux ; c'était pour entendre Berryer, qui y était allé plaidé pour la *Gazette d'Auvergne,* et que j'avais vu à Brioude chez M. Marret.

Lorsque fut inaugurée, à Strasbourg, la statue élevée à l'inventeur de l'imprimerie, Gutenberg, que la capitale de l'Alsace, alors Française de nationalité comme elle l'est restée de cœur après son annexion violente à l'empire allemand, disputait à Mayence, la ville allemande, j'avais été délégué, à mes frais bien entendu, par notre conseil municipal, pour représen-ter Brioude. J'assistai, comme invité, aux magnifiques fêtes que donna la ville à l'occasion de cette solennité nationale, dont Auguste Luchet, écrivain de talent, démocrate sincère, a fait le récit dans une brochure fort intéressante, et qui se composaient de concerts, spectacles, illumination de la cathédrale, banquets, défilé des ouvriers de divers états aux costumes pit-toresques, portant leurs chefs-d'œuvre dans des chars artistement décorés. J'en pris ma part d'autant plus agréablement que j'étais partout au premier rang, m'étant joint à la délégation de Lyon, où se trouvait Doutre, un typographe que le Rhône envoya, en 1849, à l'assemblée législative.

De Strasbourg, je fis une excursion rapide en Suisse.

en Belgique, en Allemagne, en Angleterre. mais en touriste. Je n'y devais pas rencontrer, comme pendant mon exil, des compagnons de proscription à toutes les étapes de la route.

CHAPITRE XVII

RÉPUBLICAINS ET PHILIPPISTES

Depuis assez longtemps, la fraction bourgeoise du parti républicain, composée des sages, des habiles, qui croyaient la dynastie des Bourbons de la branche cadette assise à perpétuité sur le trône, et s'étaient lassés d'une opposition dont ils ne tiraient pas profit, s'était séparée de nous. De ce nombre étaient MM. Paul Maigne, Gresse père, Esbrayat, Roumilhac, Bonne-Chevand, Chevand (de Flaghac), et autres qui, avant 1830, se trouvaient à la tête des adversaires de la monarchie légitime, sans être parmi les plus ardents il est vrai.

Dès 1846, leur conversion avait commencé à se manifester. La plupart avaient refusé de participer à une nouvelle souscription que nous avions ouverte pour la malheureuse Pologne, que la Russie avait voulu noyer dans le sang, mais qui se débattait encore sous la botte sanglante du czar, et dont les enfants, proscrits ou échappés à la Sibérie, traînaient en France, malgré les subventions du gouvernement français, une vie précaire, souvent misérable. Dans les dernières années du règne orléaniste, c'étaient à Brioude, comme presque partout, les ouvriers qui formaient le noyau de l'opposition républicaine plus ou

moins militante ou disposée à l'être. A l'exception
de quelques-uns, propriétaires de champs qu'ils cul-
tivaient eux-mêmes, et plus instruits que les autres,
les paysans ne criaient que contre les *rats de cave,*
dont l'exercice, tout en étant aussi vexatoire, était
devenu dans la forme moins intolérable. Ils ne lisaient
pas les journaux, n'avaient pas trouvé encore dans la
culture de la vigne, dont le vin se vendait à un prix
peu élevé, mais dont cependant ils ne buvaient pas à
tous les repas, l'aisance qu'ils ont conquise le jour
où ils purent, pour la plupart, acheter une de ces
vignes, petite d'abord, s'arrondissant ensuite peu à
peu. Presque tous travaillaient au jour le jour pour les
autres, ne songeant, le soir en rentrant chez eux,
qu'à se reposer des fatigues de leurs longues journées,
d'un soleil à l'autre, coupées par de courts repas.
Comme sous la Restauration, ils allaient, les dimanches et jours de fêtes, à la messe.

C'était la République qui allait les émanciper, leur
donnant après 1848 le suffrage universel, après leur
avoir donné la terre en 1789, par l'abolition des
droits féodaux qui devaient leur en assurer la possession réelle tôt ou tard.

A Brioude, la désunion s'était mise dans l'opposition républicaine. Toutefois, ses diverses fractions
n'avaient pas de trop mauvais rapports. On n'en était
pas venu aux personnalités, aux gros mots. Ce ne fut
guère qu'à l'occasion des élections, que la polémique
s'envenima entre les républicains qui soutenaient M.
Mallye, et les philippistes qui patronnaient M. Frédéric Salveton. M. Mallye, juge de paix, était un ancien
royaliste, qui en 1815, banquetant avec les ultras dont,

à cause de sa nature bourgeoise, de son caractère irritable, il supportait mal les frasques aristocratiques, pour donner une leçon à M. de Pons, qui jetait les assiettes par la fenêtre, suivant les coutumes de l'ancien régime, prit une pile d'assiettes, de plats, de verres et brisa tout sur le plancher. Dans les élections, comme partout, faute de grives on prend des merles, il fut donc pris pour candidat à la députation, après que M. George Lafayette, élu dans l'arrondissement de Brioude, eut opté pour Seine-et-Marne. A la Chambre, il assistait rarement aux séances, car en ce temps-là les députés se croyaient dispensés d'une exactitude à laquelle aujourd'hui même plus d'un membre du parlement ne se croit pas tenu pour gagner son indemnité. Ils n'étaient pas rétribués, ce qui était, d'après la chronique, beaucoup plus coûteux pour le pays que s'ils l'avaient été, car les ventrus, les satisfaits, émargeaient aux fonds secrets ou avaient des places lucratives. Il fréquentait beaucoup la salle des ventes, où il faisait des emplettes qui prouvaient son goût en matière de meubles.

Bien qu'il appartînt à l'opposition dynastique, dont était le chef M. Odillon Barrot, M. Mallye ne pouvait pas, dans ses votes, se séparer des membres de l'opposition républicaine, Georges Lafayette, Audry de Puyraveau, Dupont de l'Eure, d'une manière assez tranchée pour que toutes les fractions de l'opposition dans l'arrondissement du Puy ne dussent pas le préférer à M. Frédéric Salveton, l'âme damnée de M. Guizot. Mais, en 1846, le candidat officiel l'emporta sur M. Mallye, que M. Auguste Lamothe avait lui-même distancé. Au premier tour de scrutin les voix s'étaient ainsi réparties : Salveton, 161 ; A. Lamothe, 103 ; Mallye, 78 ; Romeuf, avocat général, 19 ; Au second tour, M. Salveton fut élu par 194 voix contre 94 données à M. Lamothe, 62 à M. Mallye. Les conseillers généraux nommés furent, pour l'arrondissement de Brioude, MM. Barthélemy Romeuf, Louis Romeuf, Pellet, Branche, Pissis (de Langeac), Mallye père, Mallye fils, Auguste Lamothe.

Les partisans, les amis de M. Salveton étaient dans nos pays aussi ardents, aussi agressifs que ses adversaires. Dès lors, des personnalités, assez vives souvent, s'échangeaient dans la presse comme dans les discussions individuelles, entre les uns et les autres. Il en résultait parfois des querelles dont les suites faillirent devenir fâcheuses.

M. Mallye lui-même avait, malgré ses fonctions de juge de paix, qu'il avait le mérite de remplir en évitant aux plaideurs les lenteurs et les frais de justice, conservé la brusquerie, l'emportement de l'ancien avoué, qui, maître dans son étude, envoyait promener les clients qui l'ennuyaient, quand il ne les mettait pas à la porte.

Une altercation qu'il eut avec un Guizotin, M. Denier-Malroux, aussi mauvais coucheur que lui, amena une provocation en duel. Les deux adversaires descendirent sous le collège, et ils étaient prêts à en venir aux prises, les cannes à la main, lorsqu'ils furent séparés. Un article publié dans l'*Echo de la Haute-Loire*, journal de M. Salveton, par un soi-disant père de famille, contre M. Mallye, avait irrité tellement celui-ci qu'il fut, dans les bureaux du journal, menacer de

coups de canne l'imprimeur-gérant, M. Gallice, s'il ne
lui faisait pas connaître le nom de l'auteur. Le gérant
laissa entendre que celui qui avait écrit cet article
était M. Amable Couguet. L'affaire en resta là.
M. Mallye ne s'étant si fort mis en colère que parce
qu'il avait attribué les attaques dirigées contre lui
à une personne dont il voulait avoir raison.

Pour la première fois je fus pris directement à
partie par le journal philippiste.

J'envoyais des articles sur des faits locaux se rat-
tachant à la politique, au *Patriote du Puy-de-Dôme,*
et quelquefois au journal *Le Peuple,* de Dupoty, qui
fut condamné à la réclusion par la cour des pairs
pour complicité morale par la voie de la presse, dans
l'attentat de Quénisset. Mais à l'occasion du début
malheureux à la tribune de M. Salveton, procureur
général, sur le talent aussi bien que sur l'influence
duquel ses amis comptaient beaucoup, je fis paraitre
imprimée une petite brochure où étaient réunis les
articles consacrés, par les divers journaux de l'opposition, à l'éreintement de ce député, l'un de ceux qui,
suivant l'expression célèbre de son ami Mahul,
était *l'os des os, la chair des chairs* du ministère
Guizot. Ce fut la cause de ma première brouille avec
un de mes amis d'enfance. Celui-ci (c'était Amable
Couguet), appartenait à une famille qui, par la pa-
renté, les relations journalières, n'en faisait qu'une
avec la mienne. Une rupture de ce genre, à laquelle
je n'étais pas encore accoutumé, me fut très sensible.
Elle est restée définitive, sans être par la suite comme
au début à l'état aigu.

C'était par dévouement à M. Frédéric Salveton

plus qu'à cause de ses opinions politiques, que mon
cousin s'était jeté dans la mêlée à corps perdu, en
m'attaquant assez vivement. Il faisait de la politique
de salon, écrivait en prose et même en vers des sa-
tyres spirituelles contre ses adversaires du jour, en
même temps que des fantaisies littéraires dignes d'être
conservées. Dans la polémique soulevée par l'affaire
Salveton-Mallye, l'agréable se mêla au sérieux, suivant le précepte d'Horace. Il y eut, à côté des articles
plus aigres que doux, échange de poésies légères,
de bouts-rimés, entre les partisans de M. Mallye
et ceux de M. Salveton. Tabouret, professeur, fut un
de ceux qui portèrent les meilleurs coups. Neyreneuf,
nommé alors principal du collège, ami intime d'Amable
Couguet, dut lui en tenir rancune. Nous étions loin
alors du jour où Amable Couguet et moi faisions
paraître, en manuscrit, un petit journal humoristique
où la chronique du jour tenait plus de place que la
politique

Vainqueur dans les élections législatives, le parti
Salveton fut alors battu aux élections municipales,
qui se faisaient alors par sections, et pour la moitié
seulement du conseil. Furent élus, dans la section nord,
MM. Thomas, Tony Rochette, réélus, Fouillet,
Alfred Grenier; section du midi, MM. Pascon et Vernière-Rochette, m. sortants, Perrein père, avoué, Belmont, avocat; centre, Gustave Bagés, Arthur Mallye,
Amédée St-Ferréol, Paul Maigne. M. Paul Maigne,
encore maire, fut vivement interpellé sur sa gestion
financière par le conseil ainsi renouvelé. Il ne tarda
pas à donner sa démission. MM. Talayrat, Arthur
Mallye et Vernière-Rochette furent nommés maire et
adjoints.

Des préoccupations politiques d'une nature plus grave s'imposaient, dans les dernières années du règne de Louis-Philippe, aux partis qui voyaient monter peu à peu le flot populaire, que les lois de septembre, la corruption employée comme moyen de gouvernement, le pouvoir livré à la bourgeoisie par le cens, ne pouvaient plus retenir dans son lit. Les écrits de Louis Blanc, Pierre Leroux, Cabet, Proudhon avaient fait sortir la question sociale des écoles pour la poser devant les masses. Des écrivains célèbres, que l'on ne pouvait pas accuser d'être révolutionnaires, Lamartine, par son *Histoire des Girondins*, Georges Sand, dans sa *Revue indépendante*, avaient glorifié les grands révolutionnaires de notre première République, que Buchez, dans son *Histoire parlementaire*, avait réhabilités, dont Thiers lui-même et Mignet évoquaient le souvenir dans des pages qui détruisaient toute la légende thermidorienne. À côté d'eux, Lamennais, après avoir cherché avec Lacordaire à créer un clergé national, libéral, avait été condamné par Rome, et, désespérant d'unir la liberté avec la religion, s'était franchement, sans retour, jeté dans le parti du progrès. Ses *Paroles d'un croyant*, suivies de plusieurs autres opuscules, aussi remarquables par le fond que par la forme, avaient eu dans le pays un grand retentissement.

Cormenin qui, sous l'empire, devait être un des grands fonctionnaires de l'homme de Décembre, criblait, sous le nom de *Timon*, le roi Louis-Philippe, ses ministres, son gouvernement, des traits les plus acérés ; et là où ces ouvrages, ces écrits, n'arrivaient pas, non plus que les journaux républicains du moment, le

National, dont Armand Marrast était devenu le rédacteur en chef, et la *Réforme,* de Flocon, des feuilles volantes répandaient partout les portraits de Barbès, de Raspail, de Lamennais, de Louis Blanc, de Pierre Leroux, de Proudhon, de Félix Pyat, avec des notices ou des manifestes qui, plus que toute autre chose, en popularisant ceux que les républicains de la veille regardaient comme leurs chefs, donnaient des soldats à la révolution qui grondait à l'horizon.

Dès ce moment toutefois, il se formait dans le parti révolutionnaire deux courants, ce qui, après la Révolution de Juillet, devait avoir les plus fâcheuses conséquences. Ces deux courants allaient à la République ; l'un était dirigé par les hommes du *National,* à la tête duquel étaient maintenant, avec Armand Marrast, Charles et Clément Thomas, le colonel Charras, le général Cavaignac, dont son frère Godefroid avait popularisé le nom. Ceux-ci, qu'on appelait déjà les formalistes, étaient des républicains sincères, consciencieux, énergiques, mais qui, dans la République, voyaient avant tout, pour le moment au moins, la forme, disant déjà eux aussi qu'il n'y avait pas de question sociale ; croyaient suffisant de mettre, par l'extension du suffrage aux capacités, à la classe moyenne, l'arme avec laquelle la démocratie pourrait conquérir l'amélioration physique, intellectuelle et morale des classes les plus nombreuses et les plus pauvres.

Une autre fraction du parti républicain, qui avait pour organe la *Réforme,* de Flocon, pour chef, Ledru-Rollin, et marchait avec Louis Blanc et les socialistes des diverses écoles, voulait donner à la France, en l'enfonçant dans le sol par des institutions nettement républicaines, cette République qui fut nommée alors et est encore nommée aujourd'hui la République démocratique et sociale.

A Brioude, c'était grâce à notre propagande, les républicains les plus avancés, qui étaient, en majorité dans la classe ouvrière avec laquelle les paysans de la ville et même ceux de la campagne commençaient à entrer en communauté de sentiments politiques. Les républicains bourgeois ne marchaient pas sous le drapeau du *National*. Ils trouvaient même Dupont de l'Eure, Georges Lafayette, Arago, trop radicaux ; mais ils s'abritaient derrière eux, les croyant plus près du pouvoir et assez forts pour en écarter ceux qui, par leurs principes révolutionnaires, les effrayaient, et dont la popularité augmentait à mesure que l'effondrement de la monarchie de Juillet paraissait prochain. Chaque jour, du reste, les signes précurseurs de la tempête qui allait emporter la dynastie des d'Orléans, apparaissaient au ciel de la France. Les pétitions réclamant l'extension du droit de vote, non plus aux capacités, ce qui aurait donné deux cent mille électeurs de plus, mais à tous les gardes nationaux, c'est-à-dire à douze millions environ de français, se signaient partout. Dès lors, les campagnes s'intéressaient à ce qui se passait, se faisait, se préparait, entraient dans le mouvement.

Il était question d'organiser des banquets où il aurait été permis de répandre la parole d'affranchissement, qui, à défaut de presse locale, ne pouvait être qu'un faible écho des revendications des grandes villes, dont l'agitation gagnait peu à peu le reste du pays. Nous nous préparions à répondre à l'appel de Paris, lorsque le 25 février, la nouvelle que Louis-Philippe venait d'être renversé de son trône par la Révolution du mépris, nous arriva comme un coup de foudre.

FIN DU PREMIER VOLUME

Notes ou Additions

PÉTITION

POUR LA RÉFORME ÉLECTORALE

Tout Garde National doit être électeur !

Messieurs les députés,

La souveraineté nationale est le principe de la constitution de 1830 ; et cependant, *180,000 citoyens à peine, sur 33 millions d'habitants,* ont le droit de participer à l'élection des membres de la chambre des députés.

La France est de tous les pays constitués en états représentatifs, celui où le droit électoral est resserré dans les limites les plus étroites.

La loi actuelle n'attribue pas le droit électoral à un nombre de citoyens assez considérable pour que les intérêts des électeurs soient confondus avec ceux de la société. Les droits et les intérêts des masses doivent être et sont souvent sacrifiés aux intérêts et aux passions de classes favorisées.

La loi actuelle est une injure à la nation française ! Est-ce bien au milieu d'un peuple brave et intelligent, qui marche à la tête des peuples civilisés, qui

le premier a prêché au monde les principes de liberté
d'égalité, qui a fait les révolutions de 1789 et de
1830, et a su défendre son glorieux ouvrage contre
les efforts sans cesse renaissants de l'aristocratie
européenne, qu'on ose prétendre que 180,000 citoyens
sont seuls dignes ou capables d'exercer le droit électoral, et de réduire le reste du pays à un véritable
ilotisme politique ?

La réforme électorale est donc juste et nécessaire.
Il n'est au pouvoir de personne d'empêcher cette im-
portante mesure, à laquelle se rattachent toutes les
améliorations politiques, administratives et sociales.

Le gouvernement a souvent répété que la garde
nationale est la sauvegarde de la société; pourquoi
donc la loi n'attribuerait-elle pas le droit d'élection
à tous les citoyens à qui elle confie la mission et im-
pose le devoir de défendre l'ordre public !

Nous réclamons en conséquence la réforme électorale, et sans entrer dans les détails d'une organisation
complète, nous demandons que dans le système nouveau, TOUT GARDE NATIONAL SOIT ÉLECTEUR.

Amédée St-Ferréol; Marret, dr électeur; Jonquoy, électeur; Rabany, électeur; Robert; Grenier, électeur;
Mosnier Emmanuel; Mouret fils; Grenier aîné, propriétaire ∴; Héraud, av.; Héraud, électeur; Adenis,
électeur, d. m. m.; Mathieu; Talayrat, électeur; A.
Mallye, membre du conseil général, adhère au principe de la réforme sans en déterminer les limites;
Dalbine, électeur; Maigne, électeur; Bastide, électeur;
Cazain; Boyer; Laurendet ∴; Laporte; Mouret, propriétaire, électeur; Porte ∴ sergent de la garde nationale; Magaud ∴; Blanc; Bonnefoux, sapeur;
Coche; Paul Grenier ∴, armurier; A. Pouyet; Blanquet, s.-p.; L. Laurendet; Doniol; Bordeau; Doniol,
Mazet.

TABLE DES MATIÈRES

Ire PARTIE

IIe PARTIE

FRANCS-MAÇONS. — 1803

PRÉNOMS	NOMS	PROFESSIONS	LIEU ET DATE DE NAISSANCE	
Pierre	Dalbine	juge	Brioude	1746
F.-Joseph	Dacros de Chabannes	maire de Lorlanges	Chabannes	1757
Gui-Maurice	Gueffier-Lagarde	propriétaire	Brioude	1750
J.-François	Gueyffier-Talairat	homme de loi, supp^t au tribunal	—	1766
Vidal	Borel	avoué	—	1768
Pierre	Caldaguet	commissaire de police	Cantoin	1745
Jean	Gueyflier-Laveau	propriétaire	Brioude	1766
Julien-Edmond	Gueyflier-Marlhac	maire		1758
Pierre	Callié	propriétaire		1738
Pierre	Gueyffier-Longpré	propriétaire		1731
Antoine	Berthier père	homme de loi		1727
Raymond	De Molen du Mas	propriétaire	Le Mas	1750
Elie-Pierre-Joseph	Belmont	ancien receveur	St-Ilpize	1756
Gui-Julien	Lomenie	ancien capitaine	Brioude	1757
Jean-François	Croze-Montbrizet	[illegible]	—	1752
Pierre-Joseph	Rochette	ancien officier de gendarmerie	—	1754

PRÉNOMS	NOMS	PROFESSION	LIEU ET DATE DE NAISSANCE	
Antoine	Ducrozet de Cumignae		Cumignac	1758
Claude	De Reyrols	receveur du département	Brioude	1747
Charles-Antoine	Martinon-Fontanon	ministre du culte à V^{lle}-Brioude	—	1756
Jean-Baptiste	Grenier	homme de loi, sous-préfet	—	1753
Jacques	Servy	maître de musique	Bournonele	1750
Jean	Sadourny	négociant	Auzat	1749
Henri	Gaitte	propriétaire	Vieille-Brioude	1745
Charles	Pissis-Larochette	juge à Brioude	Hazebrouk	1765
Félix	Couguet-Florat	propriétaire	Brioude	1756
François	Dupont	homme de loi	—	1741
Antoine	Bonnet	greffier du tribunal	—	1765
Vital-Julien	Couguet-Torette	greffier de la justice de paix, puis avoué et juge	—	1774
Jean	Bertin fils	négociant	—	1765
Pierre-Joseph	Dalbine fils	propriétaire	—	1777
Michel	Nempdes-Dupoyer	capitaine de guerre, puis général	—	1775
Jean-Luc	De Pons fils	propriétaire	Frugières	1770
Jean-Jacques	Lenormand de Flageac	propriétaire	Flaghac	1756
Grégoire	Long	négociant	St-André	1764

PRÉNOMS	NOMS	PROFESSION	LIEU ET DATE DE NAISSANCE	
Laurent	Borne	receveur particulier, puis sous-préfet à Brioude	Pradelles	1770
Alexis	Colomb	pharmacien	Brioude	1775
Victor	Romeuf	propriétaire	Lavoûte	1774
Jean-Baptiste-Louis	Dumont	avoué	Le Malzieu	1760
Antoine	Borne	secrétaire de la sous-préfecture	Brioude	1769
Jean-Baptiste	Lagrange	greffᵉ du tribunal de commerce	---	1779
Jean-Pierre	Laroque	maire	La Chaise-Dieu	1770
	Monestier	avocat	Issoire	
Jean-Louis	De Molen fils	propriétaire	Le Mas	1778
Pierre-Joseph-Thomas	Delcher	greffier de la justice de paix	Brioude	1773
Jean-Louis-Gaspard	[illegible]	comte, chambellan, président du Conseil général du départ	Paulhac	1778
Antoine	Borel	receveur de l'enregistrement	Brioude	1775
Pierre	Mally	avoué	Vic-le-Comte	1790
François	Dupont de Lougat	homme de loi	Brioude	1766
Sébastien	Boudal	contrôleur à Cusset	Cusset	1781
Frédéric	Clapier	vérificateur	Grenoble	1773
Bertrand-Marie	Cromette	[illegible]	Clermont	1770

RESTAURATION (Page 112)

La bourgeoisie, devenue si cléricale, si réactionnaire à l'heure où nous sommes, était voltairienne
comme libérale sous la Restauration. Pendant qu'elle
acclamait les orateurs de l'opposition, qui, comme
le général Foy, Benjamin Constant, Manuel, combat-
taient avec autant d'éloquence que de courage le gouvernement des nobles et des prêtres, qui à la fin du
règne de Charles X était dans toute sa splendeur, elle
répandait à profusion, avec les chansons de Béranger
qu'elle chantait, des éditions populaires de Voltaire,
et s'entassait dans les théâtres où l'on jouait *Tartufe*,
que le pouvoir n'osait pas empêcher de donner.

Ce fut une de ces représentatious de *Tartufe* qui,
à Clermont, pendant que j'étais au collège royal, fut
la cause d'une manifestation pacifique mais éclatante,
à laquelle toute la jeunesse prit part. Les élèves de
rhétorique et de philosophie étaient, comme moi, aux
premiers rangs des spectateurs qui vinrent voir, au
milieu des applaudissements de la salle entière, dé-
masquer sous *Tartufe,* le jésuite, la bête noire du
moment. Nous ne fûmes pourtant pas punis. On ne
nous y avait pas découverts.

RÉVOLUTION DE JUILLET (page 119)

Au nombre de ceux de nos concitoyens qui ont pris les armes en 1830, pour renverser la monarchie des Bourbons, se trouvait au premier rang Dominique Chaussegros, de Brioude, mort récemment à Clermont-Ferrand, où après son mariage avec Mlle Fanny Tonety, il était allé, comme serrurier-mécanicien, fonder l'important atelier à la tête duquel sont maintenant ses deux fils.

Chaussegros, alors ouvrier serrurier à Paris, prit, pendant les trois journées glorieuses, une part active au combat que le peuple livra aux troupes royales, et entra l'un des premiers aux Tuileries. Il fut alors décoré de la croix de Juillet et reçut du général Lafayette, sur la proposition du fils de celui-ci, M. Georges, qui connaissait sa famille, l'offre d'une place qui lui aurait donné une position assurée. Mais aussi désintéressé que brave, Chaussegros refusa la place, disant qu'il avait son marteau pour vivre de son travail, et il ne porta jamais la croix qu'il avait si bien gagnée.

Brioude. — Imprimerie Chouvet, boulevard Desaix, 29.

OUVRAGES DU MÊME AUTEUR

EN VENTE

A LA LIBRAIRIE CHOUVET

Les Proscrits en Belgique,	2 vol.
Impressions d'Exil a Genève,	1 —
Histoire de l'Ancien Régime,	1 —
Notices Historiques sur la ville de Brioude	3 —

Brochures publiées sans le nom de l'auteur

Physiologie de la Bergère.

Physiologie de la Béate.

Réponse d'un vieux Démocrate républicain a un jeune
Démocrate napoléonien.

Les Tablettes du sire de Montpayroux.

Guerre pour guerre.